समाजवाद के
कर्पूरी ठ

समाजवाद के जननायक कर्पूरी ठाकुर

ममता मेहरोत्रा

प्रभात
प्रकाशन

प्रकाशक

प्रभात प्रकाशन प्रा. लि.

4/19 आसफ अली रोड, नई दिल्ली-110002

फोन : 011-23289777 ● हेल्पलाइन नं. : 7827007777

इ-मेल : prabhatbooks@gmail.com ❖ वेब ठिकाना : www.prabhatbooks.com

संस्करण

प्रथम, 2024

पेपरबैक मूल्य

───────── ★ ─────────

Samajwad Ke Jannayak KARPOORI THAKUR
by Smt. Mamta Mehrotra

Published by **PRABHAT PRAKASHAN PVT. LTD.**
4/19 Asaf Ali Road, New Delhi-110002

ISBN 978-93-5521-936-7

(PB)

प्रस्तावना

बिहार के राजनीतिक इतिहास में कुछ हस्तियाँ न केवल नेताओं के रूप में, बल्कि परिवर्तनकारी ताकतों के रूप में सामने आती हैं, जिन्होंने राज्य की नियति को आकार देने का कार्य किया है। जननायक कर्पूरी ठाकुर, जिन्हें अकसर 'आम राजनेता' या 'आम आदमी के नेता' के रूप में जाना जाता है, निर्विवाद रूप से ऐसे ही एक महान् व्यक्ति हैं। यह पुस्तक 'समाजवाद के जननायक : कर्पूरी ठाकुर' के जीवन, उनकी राजनीतिक यात्रा तथा बिहार और उसके बाहर के सामाजिक-राजनीतिक परिदृश्य पर उनके द्वारा छोड़े गए अमिट प्रभाव को उजागर करने का प्रयास करती है।

जैसे ही हम कर्पूरी ठाकुर के जीवन की खोज पर निकल रहे हैं, बिहार के राजनीतिक लोकाचार पर उनके गहरे प्रभाव को नजरअंदाज करना असंभव है। समस्तीपुर जिले के छोटे से गाँव पितौंझिया में साधारण परिवार में जनमे कर्पूरी ठाकुर की यात्रा लचीलेपन, दृढ़ संकल्प और आम आदमी के कल्याण के प्रति अटूट प्रतिबद्धता की प्रतीक थी। एक साधारण पृष्ठभूमि से मुख्यमंत्री पद तक उनका पहुँचना केवल उनकी व्यक्तिगत विजय की कहानी ही नहीं है, बल्कि लोकतांत्रिक आदर्शों में निहित परिवर्तनकारी क्षमता का प्रतिबिंब भी है।

कर्पूरी ठाकुर केवल एक राजनीतिक व्यक्ति नहीं थे; वे आम लोगों की नब्ज से गहराई से जुड़े हुए व्यक्ति थे। यह पुस्तक उनकी नेतृत्व-शैली के सार को पकड़ने का प्रयास करती है, जो सादगी, पहुँच और जनता को प्रभावित

6

करने वाले मुद्दों की गहन समझ से प्रतिष्ठित है। सामान्य नागरिक के संघर्षों के प्रति सहानुभूति रखने की ठाकुर की क्षमता ने उन्हें सामाजिक-आर्थिक स्तर के लोगों का प्रिय बना दिया, जिससे उन्हें 'जननायक' या 'आम राजनेता' की उपाधि मिली।

ठाकुर के युग के दौरान बिहार का राजनीतिक परिदृश्य गतिशील बदलावों, गठबंधन की राजनीति और विविध सामाजिक-सांस्कृतिक गतिशीलता वाले राज्य को चलाने में निहित चुनौतियों से चिह्नित था। सावधानीपूर्वक शोध और ऐतिहासिक अभिलेखों में गहराई से उतरकर इस पुस्तक का उद्देश्य इस जटिल राजनीतिक क्षेत्र के माध्यम से ठाकुर की राजनीतिक यात्रा का एक व्यापक विवरण प्रदान करना है। उनके शुरुआती राजनीतिक प्रयासों से लेकर मुख्यमंत्री के रूप में उनके कार्यकाल तक हर अध्याय ठाकुर के राजनीतिक कौशल का एक नया पहलू उजागर करता है।

ठाकुर के राजनीतिक कॅरियर की परिभाषित विशेषताओं में से एक सामाजिक न्याय के प्रति उनकी अटूट प्रतिबद्धता थी, विशेषकर सरकारी नौकरियों और शैक्षणिक संस्थानों में आरक्षण नीतियों का कार्यान्वयन बिहार के इतिहास में एक ऐतिहासिक क्षण था। यह पुस्तक इस अभूतपूर्व निर्णय के लिए जिम्मेदार परिस्थितियों, सामना की गई चुनौतियों और समाज के हाशिए पर रहने वाले वर्गों के लिए ठाकुर की वकालत की स्थायी विरासत की सावधानीपूर्वक जाँच करती है।

जबकि ठाकुर को अकसर उनकी सामाजिक न्याय पहल के लिए जाना जाता है, यह पुस्तक आर्थिक सुधारों के प्रति उनके दृष्टिकोण पर भी प्रकाश डालती है। सामाजिक कल्याण के साथ औद्योगिक विकास को संतुलित करने, आर्थिक विकास को प्रोत्साहित करने और कृषि को आधुनिक बनाने के उनके प्रयास बिहार के आर्थिक प्रक्षेप पथ की कहानी में अभिन्न अध्याय हैं।

सामाजिक न्याय में ठाकुर का योगदान, विशेषकर आरक्षण नीतियों के कार्यान्वयन के माध्यम से, समकालीन प्रासंगिकता का विषय बना हुआ है। जैसा कि हम इन नीतियों की विरासत का पता लगाते हैं, यह पुस्तक सामाजिक

समानता, प्रतिनिधित्व और भारत में सकारात्मक कारवाई के आसपास चल रहे प्रवचन पर स्थायी प्रभाव डालती है।

संकट के समय ठाकुर के नेतृत्व ने एक राजनेता के रूप में उनकी क्षमता का प्रदर्शन किया। चाहे पार्टी के आंतरिक मतभेदों, बाहरी राजनीतिक विरोध या आर्थिक चुनौतियों का सामना करना पड़े, उन्होंने लचीलेपन और रणनीतिक कौशल का एक दुर्लभ मिश्रण प्रदर्शित किया। यह पुस्तक इन उदाहरणों की जाँच करती है तथा ठाकुर के संकट-प्रबंधन कौशल और समकालीन नेताओं को उनके अनुभवों से सबक प्रदान करती है।

जबकि ठाकुर की राजनीतिक यात्रा इस कथा के केंद्र में है, पुस्तक राजनीति के दायरे से परे, उनके योगदान की भी पड़ताल करती है। उनकी शैक्षिक नीतियाँ, कृषि सुधारों में पहल और बुनियादी ढाँचे के विकास के प्रयास शासन के प्रति उनके बहुमुखी दृष्टिकोण की व्यापक समझ में योगदान करते हैं।

कोई भी राजनेता विवादों से अछूता नहीं है और ठाकुर भी इसके अपवाद नहीं थे। यह पुस्तक उन विवादों और आलोचनाओं का सामना करती है, जिन्होंने उनके राजनीतिक कॅरियर को चिह्नित किया, एक संतुलित कथा प्रस्तुत की, जो विभिन्न दृष्टिकोणों पर विचार करती है। ऐसा करके इसका उद्देश्य एक ऐसे नेता का सूक्ष्म चित्र प्रस्तुत करना है, जिसने जटिल राजनीतिक परिदृश्य में काम किया।

नैतिक नेतृत्व के प्रति ठाकुर की प्रतिबद्धता एक ऐसा सूत्र है, जो इस पुस्तक के माध्यम से चलता है। जैसे-जैसे हम उनकी राजनीतिक रणनीतियों, प्रशासनिक निर्णयों और व्यक्तिगत आचरण का पता लगाते हैं, कथा शासन में ईमानदारी के महत्त्व को रेखांकित करती है।

सार्वजनिक व्यक्तित्व से परे यह पुस्तक कर्पूरी ठाकुर के व्यक्तिगत जीवन की झलक दिखाने का प्रयास करती है। उनका पालन-पोषण, पारिवारिक जीवन और उनके वैश्विक-दृष्टिकोण को आकार देने वाले कारक नेता के पीछे के व्यक्ति की अधिक गहन समझ प्रदान करते हैं।

पुस्तक के अंतिम अध्याय ठाकुर की स्थायी विरासत को दरशाते हैं। उनके राजनीतिक विचारों, शासन रणनीतियों और नेतृत्व-दर्शन के प्रभाव का विश्लेषण करके, कथा उन सबको सामने लाती है, जो न केवल बिहार के संदर्भ में, बल्कि महत्त्वाकांक्षी नेताओं के लिए सार्वभौमिक सिद्धांतों के रूप में भी प्रतिबिंबित होते हैं।

जननायक कर्पूरी ठाकुर का जीवन और विरासत एक 'आम राजनेता' के सिर्फ एक शीर्षक के रूप में नहीं, बल्कि आम आदमी की सेवा पर आधारित एक राजनीतिक दर्शन के प्रमाण के रूप में उभरता है। यह पुस्तक एक व्यापक अन्वेषण, एक सूक्ष्म चित्र और एक ऐसे नेता पर अंतर्दृष्टिपूर्ण प्रतिबिंब बनाने की आकांक्षा है, जिसने बिहार के राजनीतिक कैनवास पर एक अमिट छाप छोड़ी और पीढ़ियों को प्रेरित करना जारी रखा।

'समाजवाद के जननायक कर्पूरी ठाकुर' के पन्नों के माध्यम से यह यात्रा एक दूरदर्शी नेता को श्रद्धांजलि होगी, जिनकी विरासत न केवल इतिहास के अध्यायों में; बल्कि उन लोगों के दिलों में भी जीवित है, जिनकी उन्होंने सेवा की। जैसे ही हम इस जीवनी के पन्नों को अलविदा कहते हैं, ठाकुर के जीवन का सार गूँजता है—शासन-राजनीति की जटिलताओं को दूर करने तथा एक अधिक न्यायपूर्ण और न्यायसंगत समाज की खोज करने वाले नेताओं के लिए एक प्रकाशस्तंभ है।

—ममता मेहरोत्रा

अनुक्रम

1

शुरुआती दिन : कर्पूरी ठाकुर की जड़ें

कर्पूरी ठाकुर, एक ऐसा नाम, जो बिहार के राजनीतिक परिदृश्य में गूँजता है, एक करिश्माई नेता और राज्य के पूर्व मुख्यमंत्री थे। 24 जनवरी, 1924 को समस्तीपुर, बिहार के छोटे से गाँव पितौंझिया (अब कर्पूरीग्राम) में जनमे ठाकुर की साधारण शुरुआत से सत्ता के राजनीतिक गलियारों तक की यात्रा लचीलेपन, दृढ़ संकल्प और सामाजिक न्याय के प्रति प्रतिबद्धता की कहानी है।

प्रारंभिक जीवन और शिक्षा

कर्पूरी ठाकुर का जन्म किसान के परिवार में हुआ। उनके पिता का नाम गोकुल ठाकुर तथा माता का नाम रामदुलारी देवी था। इनके पिता गाँव के सीमांत किसान थे तथा अपने पारंपरिक पेशे नाई का काम करते थे। संयुक्त परिवार में पले-बढ़े युवा कर्पूरी ने सादगी, कड़ी मेहनत और समुदाय की गहरी भावना के मूल्यों को आत्मसात् किया। उनके परिवार के सामने आने वाली सामाजिक-आर्थिक चुनौतियों ने हाशिए पर पड़े लोगों की चिंताओं को दूर करने की उनकी प्रारंभिक प्रतिबद्धता को बढ़ावा दिया।

ठाकुर की शैक्षिक यात्रा गाँव के स्कूल में शुरू हुई, जहाँ उन्होंने सीखने की प्रारंभिक योग्यता प्रदर्शित की। हालाँकि, वित्तीय बाधाएँ अकसर उनकी शैक्षणिक गतिविधियों को पटरी से उतारने की धमकी देती थीं। निडर होकर

उन्होंने अपनी शिक्षा का समर्थन करने के लिए विषम नौकरियाँ कीं और दृढ़ता का प्रदर्शन किया, जो उनके राजनीतिक कॅरियर की पहचान बन गई। उनके समर्पण पर किसी का ध्यान नहीं गया और वह जल्द ही अपने गाँव में एक आदर्श बन गए, जिससे कई युवाओं को सभी बाधाओं के बावजूद शिक्षा के लिए प्रयास करने की प्रेरणा मिली।

अपनी प्राथमिक शिक्षा पूरी करने के बाद तिरहुत एकेडमी, समस्तीपुर से मैट्रिक की परीक्षा उत्तीर्ण की। ठाकुर का उच्च अध्ययन पटना विश्वविद्यालय से संबद्ध सी.एम. कॉलेज, दरभंगा में हुआ। यह हलचल भरा शहर उनके गाँव की शांति से एकदम विपरीत था। यहाँ से उन्होंने आई.ए. की परीक्षा उत्तीर्ण की। ठाकुर की शैक्षणिक यात्रा ज्ञान के लिए एक अतृप्त प्यास से चिह्नित थी और उन्होंने विभिन्न सामाजिक-सांस्कृतिक गतिविधियों में सक्रिय रूप से भाग लिया, जो एक दूरदर्शी युवा नेता के उद्भव का संकेत था।

राजनीति में प्रवेश

कर्पूरी ठाकुर का राजनीति में प्रवेश पूर्व निर्धारित नहीं था, बल्कि यह उनके समय के ज्वलंत सामाजिक-राजनीतिक मुद्दों की प्रतिक्रिया थी। स्वतंत्रता के बाद का युग सामाजिक और आर्थिक परिवर्तनों की लहर से चिह्नित था और ठाकुर ने खुद को राजनीतिक सफर की ओर आकर्षित पाया, जिसका उद्देश्य समाज के हाशिए पर रहने वाले वर्गों की जरूरतों को संबोधित करना था।

उनके राजनीतिक कॅरियर की औपचारिक शुरुआत 1940 के दशक के प्रारंभ में 'भारत छोड़ो आंदोलन' में उनकी भागीदारी के साथ हुई। आंदोलन में ठाकुर की भागीदारी ने भारतीय स्वतंत्रता के प्रति उनकी प्रतिबद्धता और औपनिवेशिक अधिकारियों को चुनौती देने के उनके साहस को प्रदर्शित किया। राजनीतिक सक्रियता के इस शुरुआती प्रदर्शन ने सामाजिक न्याय के चैंपियन के रूप में उनकी भविष्य की भूमिका की नींव रखी।

बिहार में समाजवादी आंदोलन से जुड़ने के बाद ठाकुर की राजनीतिक यात्रा आगे बढ़ती रही। जयप्रकाश नारायण जैसे नेताओं की विचारधारा से प्रेरित होकर उन्होंने भूमि-सुधार और सामाजिक समानता की वकालत करने

वाले आंदोलनों में सक्रिय रूप से भाग लिया। उनके चुंबकीय व्यक्तित्व और जमीनी स्तर पर लोगों से जुड़ने की क्षमता ने जल्द ही उन्हें समाजवादी हलकों में पहचान दिला दी।

जमीनी नेता

बिहार की राजनीति में कर्पूरी ठाकुर का उदय पारंपरिक सत्ता संरचनाओं से नहीं, बल्कि उनके जमीनी स्तर से जुड़ाव और आम आदमी के कल्याण के लिए वास्तविक चिंता से प्रेरित था। उन्होंने किसानों, मजदूरों और वंचितों की समस्याओं के समाधान के लिए अथक प्रयास किया। बिहार में कृषि संकट के बारे में ठाकुर की गहरी समझ और जनता की शिकायतों को स्पष्ट करने की उनकी क्षमता ने उन्हें राजनीतिक परिदृश्य में एक प्रमुख व्यक्ति बना दिया।

वर्ष 1952 में ठाकुर पहली बार सोशलिस्ट पार्टी का प्रतिनिधित्व करते हुए बिहार विधानसभा के सदस्य (एम.एल.ए.) के रूप में चुने गए। इससे उनके लंबे और प्रभावशाली विधायी कॅरियर की शुरुआत हुई। उन्होंने सामाजिक न्याय का समर्थन करना जारी रखा, समाज के हाशिए पर रहने वाले वर्गों के उत्थान के उद्देश्य से बहस और चर्चाओं में सक्रिय रूप से भाग लिया।

समाजवादी विचारधारा के प्रति ठाकुर की प्रतिबद्धता अटूट थी। उन्होंने समाजवादी पार्टियों के गठबंधन, संयुक्त विधायक दल के गठन में अहम भूमिका निभाई, जो बिहार की राजनीति में एक शक्तिशाली ताकत बनकर उभरा। उनके नेतृत्व-कौशल और गठबंधन बनाने की क्षमता ने 1967 के बिहार विधानसभा चुनावों में गठबंधन की सफलता में महत्त्वपूर्ण योगदान दिया।

मुख्यमंत्री कार्यकाल

22 दिसंबर, 1970 को वे पहली बार बिहार के मुख्यमंत्री बने और लगभग पाँच महीने इस पद पर रहे। 24 जून, 1977 को वे पुन: मुख्यमंत्री बने और 21 अप्रैल, 1979 तक पदस्थ रहे।

वर्ष 1977 में आपातकाल की समाप्ति और लोकतांत्रिक शासन की वापसी के साथ भारतीय राजनीति में एक ऐतिहासिक मोड़ आया। बिहार में, इस अवधि में कर्पूरी ठाकुर ने जनता पार्टी सरकार का नेतृत्व करते हुए मुख्यमंत्री का पद सँभाला। यह ठाकुर के राजनीतिक कॅरियर का एक निर्णायक क्षण था और उन्होंने समावेशी विकास की दृष्टि से मुख्यमंत्री की जिम्मेदारियों को सँभाला।

मुख्यमंत्री के रूप में ठाकुर ने राज्य में सामाजिक-आर्थिक असमानताओं को दूर करने के उद्देश्य से कई प्रगतिशील उपाय लागू किए। उनकी उल्लेखनीय पहलों में से एक '20-सूत्रीय सामाजिक-आर्थिक कार्यक्रमों' को लागू करने का निर्णय था, जो भूमि-सुधार, रोजगार-सृजन और शिक्षा पर केंद्रित था। यह कदम जनता के कल्याण के लिए समाजवादी सिद्धांतों को मूर्त नीतियों में बदलने की उनकी प्रतिबद्धता को दरशाता है।

मुख्यमंत्री के रूप में ठाकुर के कार्यकाल में कई साहसिक निर्णय लिये गए, जिनमें जमींदारी प्रथा का उन्मूलन भी शामिल था, जिसका उद्देश्य भूमिहीनों को भूमि का पुनर्वितरण करना था। इस कदम को कृषि-सुधार की दिशा में एक क्रांतिकारी कदम के रूप में सराहा गया और सामाजिक न्याय के प्रति उनकी प्रतिबद्धता के लिए उनकी प्रशंसा की गई। इसके अतिरिक्त, उनकी सरकार ने शिक्षा और स्वास्थ्य सेवा को मौलिक अधिकारों के रूप में महत्त्व देते हुए हाशिए पर रहने वाले समुदायों की स्थितियों में सुधार लाने की दिशा में काम किया।

चुनौतियाँ और आलोचनाएँ

जबकि मुख्यमंत्री के रूप में कर्पूरी ठाकुर का कार्यकाल कई प्रगतिशील पहलों से चिह्नित था, पर यह चुनौतियों और आलोचनाओं से रहित नहीं था। इस अवधि के दौरान राजनीतिक परिदृश्य जटिल था, नवगठित जनता पार्टी आंतरिक असंतोष से जूझ रही थी। ठाकुर को विभिन्न हलकों से आलोचना का सामना करना पड़ा, जिसमें उनकी अपनी पार्टी के भीतर के वर्ग भी शामिल थे।

उनके कार्यकाल के दौरान विवादास्पद निर्णयों में से एक, आर्थिक रूप से पिछड़े वर्ग (ई.बी.सी.) की आरक्षण नीति का कार्यान्वयन था। आर्थिक रूप से वंचित वर्गों को आरक्षण प्रदान करने के उद्देश्य से उठाए गए इस कदम को विभिन्न हलकों से विरोध और आलोचना का सामना करना पड़ा। हालाँकि, ठाकुर ने अपने फैसले का बचाव करते हुए यह तर्क दिया कि यह समाज के सभी वर्गों के लिए समान अवसर सुनिश्चित करने की दिशा में एक महत्त्वपूर्ण कदम है।

विरासत और प्रभाव

कर्पूरी ठाकुर की विरासत उनके मुख्यमंत्री के कार्यकाल से भी आगे तक फैली हुई है। बिहार के राजनीतिक परिदृश्य पर उनका प्रभाव अमिट है और सामाजिक न्याय और कृषि सुधार में उनका योगदान समावेशी शासन पर चर्चा को आकार देना जारी रखे है। 20-सूत्रीय कार्यक्रम, हालाँकि यह चुनौतियों का सामना कर रहा था, ने राज्य में सामाजिक-आर्थिक असमानताओं को दूर करने के उद्देश्य से उनकी बाद की पहल की नींव रखी।

सशक्तीकरण के एक उपकरण के रूप में शिक्षा पर ठाकुर का जोर एक छोटे से गाँव से लेकर सत्ता के राजनीतिक गलियारों तक की उनकी अपनी यात्रा में प्रतिध्वनित हुआ। उनके कार्यकाल के दौरान शुरू किए गए शैक्षिक सुधारों ने राज्य की शिक्षा प्रणाली में सुधार के लिए मंच तैयार किया। प्राथमिक शिक्षा पर ध्यान और स्कूल छोड़ने की दर को कम करने के प्रयासों ने सामाजिक और आर्थिक रूप से सशक्त बिहार के निर्माण के उनके दृष्टिकोण को प्रतिबिंबित किया।

मुख्यमंत्री के रूप में अपने कार्यकाल के बाद कर्पूरी ठाकुर बिहार की राजनीति में एक प्रभावशाली व्यक्ति बने रहे। वह समाजवादी विचारधारा के प्रति प्रतिबद्ध रहे और हाशिए पर मौजूद लोगों के अधिकारों की वकालत करने वाले विभिन्न आंदोलनों में सक्रिय रूप से भाग लिया। उनके नेतृत्व और सामाजिक न्याय के प्रति प्रतिबद्धता ने उन्हें अपने समर्थकों के बीच 'जननायक' (पीपुल्स लीडर) उपनाम दिया।

◻

2

एक दूरदर्शी राजनेता : कर्पूरी ठाकुर के प्रारंभिक वर्ष

पितौंझिया जैसे शांत गाँव से लेकर हलचल भरे राजनीतिक गलियारों तक कर्पूरी ठाकुर की यात्रा परिवर्तनकारी अनुभवों के संगम से चिह्नित थी, जिसने उनकी दृष्टि को आकार दिया और उन्हें बिहार के सामाजिक-राजनीतिक परिदृश्य के केंद्र में स्थापित किया। यह अध्याय इस नेता के प्रारंभिक वर्षों पर प्रकाश डालता है, उन प्रभावों, संघर्षों और महत्त्वपूर्ण क्षणों की खोज करता है, जिन्होंने एक दूरदर्शी नेता के रूप में कर्पूरी ठाकुर के उद्भव को परिभाषित किया।

प्रारंभिक प्रभाव और वैचारिक नींव

ठाकुर के प्रारंभिक वर्ष ग्रामीण बिहार के सामाजिक-आर्थिक ताने-बाने से गहराई से प्रभावित थे। किसानों के संयुक्त परिवार में पले-बढ़े, उन्होंने कृषक समुदाय के संघर्षों और आकांक्षाओं को प्रत्यक्ष रूप से देखा। कृषि समाज में व्याप्त घोर असमानताओं ने युवा ठाकुर पर एक अमिट छाप छोड़ी, जिससे उनके समुदाय में व्याप्त सामाजिक-आर्थिक असमानताओं को दूर करने की उनकी प्रतिबद्धता के बीज बोए गए।

स्वतंत्रता के बाद भारत में जड़ें जमाने वाली समाजवादी विचारधाराओं को ठाकुर के दिमाग में उपजाऊ जमीन मिली। जयप्रकाश नारायण जैसे

नेताओं द्वारा प्रचारित विचार ग्रामीण संकट और आर्थिक असमानता पर उनकी अपनी टिप्पणियों से मेल खाते थे। ठाकुर तेजी से उन चर्चाओं और गतिविधियों में शामिल हो गए, जो समाजवाद के सिद्धांतों, भूमि-सुधारों की वकालत, संसाधनों के समान वितरण और सामाजिक न्याय पर केंद्रित थीं।

1940 के दशक के दौरान 'भारत छोड़ो आंदोलन' में ठाकुर के शुरुआती प्रदर्शन ने उनकी राजनीतिक चेतना को और अधिक बढ़ावा दिया। ब्रिटिश औपनिवेशिक शासकों को सत्ता से बेदखल करने के उद्देश्य से चलाए गए इस आंदोलन ने उनमें समूह की भावना और यह विश्वास पैदा किया कि सामूहिक कारवाई परिवर्तनकारी बदलाव ला सकती है। इन शुरुआती प्रभावों ने हाशिए पर पड़े लोगों के चैंपियन के रूप में ठाकुर के बाद के प्रयासों के लिए आधार तैयार किया।

शैक्षिक उद्देश्य : सशक्तीकरण का मार्ग

कर्पूरी ठाकुर की शिक्षा की खोज केवल एक व्यक्तिगत प्रयास नहीं था, बल्कि ग्रामीण गरीबी की बेड़ियों को तोड़ने और ज्ञान के उपकरणों के साथ खुद को सशक्त बनाने का एक सचेत विकल्प था। पितौंझिया के गाँव के स्कूल से लेकर दरभंगा कॉलेज की कक्षाओं तक की उनकी यात्रा वित्तीय कठिनाइयों और अकादमिक उत्कृष्टता की निरंतर खोज से चिह्नित थी।

आर्थिक बाधाओं का सामना करते हुए ठाकुर ने अपनी शिक्षा का समर्थन करने के लिए छिटपुट नौकरियाँ कीं और एक उल्लेखनीय दृढ़ संकल्प प्रदर्शित किया, जो उनके बाद के राजनीतिक कॅरियर के लिए प्रतीक बन गया। उनकी शैक्षणिक प्रतिभा को सामाजिक-सांस्कृतिक गतिविधियों में सक्रिय भागीदारी से मदद मिली, जहाँ उन्होंने अपने वक्तृत्व-कौशल को निखारा और समाज को परेशान करने वाले मुद्दों की गहरी समझ विकसित की।

ठाकुर की शिक्षा ने न केवल उनके बौद्धिक क्षितिज को व्यापक बनाया, बल्कि उनमें बड़े समुदाय के प्रति जिम्मेदारी की भावना भी पैदा की। जैसे ही उन्होंने राजनीति विज्ञान और समाजशास्त्र जैसे विषयों में गहराई से प्रवेश किया, उन्होंने सैद्धांतिक ढाँचे को अपने आसपास के लोगों के जीवन के

अनुभवों से जोड़ना शुरू कर दिया। इस बौद्धिक संश्लेषण ने एक विचारक नेता और नीति वास्तुकार के रूप में उनकी भविष्य की भूमिका की नींव रखी।

प्रारंभिक राजनीतिक सक्रियता

स्वतंत्रता के बाद बिहार के राजनीतिक परिदृश्य ने ठाकुर की राजनीतिक आकांक्षाओं के अंकुरण के लिए उपजाऊ जमीन प्रदान की। सक्रिय राजनीति में उनका प्रारंभिक प्रवेश 'भारत छोड़ो आंदोलन' में उनकी भागीदारी से हुआ, जहाँ उन्होंने समान विचारधारा वाले व्यक्तियों के साथ कंधे-से-कंधा मिलाकर काम किया, जिन्होंने सामाजिक परिवर्तन के लिए उनके जुनून को साझा किया। ठाकुर की प्रारंभिक सक्रियता यथास्थिति को चुनौती देने की निडरता और स्वतंत्रता तथा समानता के आदर्शों के प्रति अटूट प्रतिबद्धता की विशेषता थी।

समाजवादी आंदोलन, जिसने 1950 के दशक में गति पकड़ी, ठाकुर की राजनीतिक सक्रियता के लिए रैली स्थल बन गया। सामाजिक न्याय, समतावाद और भूमि सुधार पर जोर देने वाला यह आंदोलन उनके अपने विश्वासों से गहराई से मेल खाता था। ठाकुर ने किसानों और मजदूरों की चिंताओं को दूर करने के लिए जमीनी स्तर के आंदोलनों में सक्रिय रूप से भाग लिया, जिससे उन्हें समाजवादी हलकों में एक उभरते सितारे के रूप में पहचान मिली।

हाशिए पर मौजूद लोगों की शिकायतों को स्पष्ट करने की उनकी क्षमता और उनकी करिश्माई नेतृत्व शैली ने उन्हें तुरंत अलग पहचान दी। चुनावी राजनीति में ठाकुर का प्रवेश उनकी जमीनी स्तर की सक्रियता की स्वाभाविक प्रगति थी। वर्ष 1952 में वे सोशलिस्ट पार्टी का प्रतिनिधित्व करते हुए पहली बार विधायक चुने गए। यह उनके विधायी कॅरियर की शुरुआत थी, जहाँ उन्होंने नीतियों को आकार दिया और आम आदमी के अधिकारों की वकालत की।

संयुक्त विधायक दल : गठबंधन बनाना

1960 के दशक में गठबंधन राजनीति के उद्भव के साथ बिहार में राजनीतिक परिदृश्य में एक महत्त्वपूर्ण परिवर्तन आया। कर्पूरी ठाकुर ने

गठबंधन बनाने और संयुक्त विधायक दल (संयुक्त विधानमंडल समूह) के बैनर तले समान विचारधारा वाली पार्टियों को एक साथ लाने के अपने प्रयासों के माध्यम से इस परिवर्तन में महत्त्वपूर्ण भूमिका निभाई।

वैचारिक मतभेदों को पाटने और समाजवादी पार्टियों का गठबंधन बनाने की ठाकुर की क्षमता उनके राजनीतिक कौशल का प्रमाण थी। 1967 में गठित संयुक्त विधायक दल बिहार की राजनीति में एक शक्तिशाली ताकत के रूप में उभरा, जिसने स्थापित राजनीतिक संस्थाओं के प्रभुत्व को चुनौती दी। ठाकुर के नेतृत्व कौशल और एक सामान्य सामाजिक–राजनीतिक एजेंडे के प्रति प्रतिबद्धता ने विधानसभा चुनावों में गठबंधन की सफलता में महत्त्वपूर्ण भूमिका निभाई।

यह अवधि ठाकुर के राजनीतिक कॅरियर में एक महत्त्वपूर्ण मोड़ साबित हुई, क्योंकि वे एक जमीनी स्तर के नेता से राज्य के राजनीतिक परिदृश्य में एक प्रमुख खिलाड़ी बन गए। चुनाव में गठबंधन की जीत ने ठाकुर को बिहार में ठोस बदलाव लाने की क्षमता रखने वाले नेता के रूप में स्थापित किया।

गाँव से राजनीति तक कर्पूरी की यात्रा

कर्पूरी ठाकुर की पितौंझिया की देहाती सादगी से राजनीति के गतिशील दायरे तक की यात्रा एक ऐसी कथा है, जो व्यक्तिगत को राजनीतिक से जोड़ती है। ठाकुर की राजनीतिक पहचान की रूपरेखा उनकी जमीनी सक्रियता से बनी, जहाँ उन्होंने खुद को आम आदमी के संघर्षों में डुबो दिया। बिहार में कृषि संकट, जो किरायेदारी विवाद, असमान भूमि वितरण और मजदूरों के शोषण जैसे मुद्दों की विशेषता है, उनकी वकालत का केंद्रबिंदु बन गया। ठाकुर, आंदोलनों और आंदोलनों में अपनी भागीदारी के माध्यम से हाशिए पर पड़े लोगों के लिए एक प्रमुख आवाज बनकर उभरे।

जमीनी स्तर पर जनता से जुड़ने की उनकी क्षमता उन्हें एक ऐसे नेता के रूप में स्थापित करती है, जो लोगों की नब्ज को समझता है। ठाकुर के करिश्मे ने आम आदमी के कल्याण के लिए वास्तविक चिंता के साथ मिलकर उन लोगों का विश्वास और प्रशंसा अर्जित की, जिनका वे प्रतिनिधित्व करना

चाहते थे। चाहे वह किसानों की चिंताओं को संबोधित करना हो या मजदूरों के अधिकारों की वकालत करना, राजनीति में ठाकुर के शुरुआती वर्षों को सामाजिक न्याय के प्रति उनकी प्रतिबद्धता द्वारा चिह्नित किया गया था।

मुख्यमंत्री के पद पर उनका उत्थान पितौंझिया गाँव में सँजोए गए एक सपने के साकार होने का प्रतीक था, जो जमीनी स्तर से राजनीतिक सत्ता के शिखर तक की यात्रा का प्रतीक है। मुख्यमंत्री के रूप में ठाकुर का कार्यकाल शासन के प्रति दूरदर्शी दृष्टिकोण का था।

अपने मुख्यमंत्रित्व काल के दौरान ठाकुर को जिन चुनौतियों का सामना करना पड़ा, उन्होंने शासन की जटिलताओं को रेखांकित किया, खासकर बिहार जैसे विविध और सामाजिक-आर्थिक रूप से स्तरीकृत राज्य में। राजनीतिक हितों, सामाजिक गतिशीलता और आर्थिक असमानताओं के जटिल जाल से निपटने के लिए एक नाजुक संतुलन की आवश्यकता थी, और इन चुनौतियों के प्रति ठाकुर की प्रतिक्रियाएँ सैद्धांतिक शासन के प्रति उनकी प्रतिबद्धता को दरशाती हैं।

ठाकुर के मुख्यमंत्रित्व काल की स्थायी विरासतों में से एक सशक्तीकरण के एक उपकरण के रूप में शिक्षा पर उनका जोर था। राज्य की शिक्षा प्रणाली में सुधार के लिए की गई पहल उनके इस विश्वास को दरशाती है कि शिक्षा गरीबी और असमानता की बेड़ियों को तोड़ने की कुंजी है। प्राथमिक शिक्षा पर ध्यान और स्कूल छोड़ने की दर को कम करने के प्रयास सामाजिक और आर्थिक रूप से सशक्त बिहार के उनके दृष्टिकोण के प्रतीक थे।

गाँव से राजनीतिक क्षेत्र तक की उनकी यात्रा न केवल एक व्यक्ति की कहानी को समाहित करती है, बल्कि उन लोगों की सामूहिक आकांक्षाओं और संघर्षों को भी दरशाती है, जिनकी उन्होंने सेवा की।

□

3
बिहार का राजनीतिक परिदृश्य :
कर्पूरी का प्रवेश

20वीं सदी के मध्य में बिहार का राजनीतिक परिदृश्य सामाजिक, आर्थिक और राजनीतिक उथल-पुथल के संगम से चिह्नित था। बिहार के सामाजिक-राजनीतिक कैनवास ने, अपनी विविध चुनौतियों और अवसरों के साथ, ठाकुर की राजनीतिक यात्रा के पथ को आकार दिया।

1950 और 1960 के दशक में बिहार के सामाजिक-राजनीतिक ढाँचे में महत्त्वपूर्ण परिवर्तन देखे गए। मुख्य रूप से कृषि प्रधान राज्य भूमि सुधार, जाति-आधारित असमानताओं और आर्थिक असंतुलन जैसे मुद्दों से जूझ रहा था। सामंती संरचनाओं के प्रभुत्व और जमी हुई जमींदारी व्यवस्था ने संसाधनों के असंतुलित वितरण में योगदान दिया, जिससे सामाजिक-आर्थिक असमानताएँ बढ़ीं।

बिहार के उपजाऊ मैदानों में असंतोष के बीज बोए गए, जिससे विभिन्न सामाजिक-राजनीतिक आंदोलनों का उदय हुआ। कृषि संकट ने, सामाजिक न्याय की खोज के साथ मिलकर, समाजवादी आंदोलन को जड़ें जमाने के लिए उपजाऊ जमीन प्रदान की। जयप्रकाश नारायण जैसे नेता जनता को प्रेरित करने, उनकी चिंताओं को व्यक्त करने और क्रांतिकारी परिवर्तन की वकालत करने में सहायक बने।

समाजवादी आंदोलनों का उदय

कर्पूरी ठाकुर का राजनीति में प्रवेश बिहार में समाजवादी विचारधारा के बढ़ते प्रभाव के साथ हुआ। भूमि सुधार, सामाजिक समानता और दलितों के उत्थान पर जोर देने वाले समाजवादी आंदोलन ने वंचित जनता के बीच प्रतिध्वनि पाई। भारत छोड़ो आंदोलन में ठाकुर की प्रारंभिक भागीदारी और उसके बाद समाजवादी हलकों में भागीदारी ने उन्हें उभरते राजनीतिक परिदृश्य में बदलाव के प्रस्तावक के रूप में स्थापित किया।

राम मनोहर लोहिया और जयप्रकाश नारायण जैसे नेताओं के नेतृत्व में संयुक्त सोशलिस्ट पार्टी समाजवादी सिद्धांतों की अभिव्यक्ति के लिए एक मिसाल बन गई। ठाकुर अपनी जमीनी सक्रियता और विधायी प्रयासों के माध्यम से इस आंदोलन का एक अभिन्न अंग बन गए। समाजवादी विचारधारा ने बिहार के राजनीतिक हलकों की जटिलताओं को सुलझाने, ठाकुर के कार्यों और नीतियों का मार्गदर्शन करने के लिए एक नैतिक दिशा-निर्देश प्रदान किया।

चुनावी परिदृश्य और राजनीतिक गठबंधन

1960 के दशक में गठबंधन राजनीति के आगमन के साथ बिहार का चुनावी परिदृश्य परिवर्तन के दौर से गुजर रहा था। पारंपरिक राजनीतिक संरचनाओं को चुनौती दी जा रही थी और स्थापित सत्ता केंद्रों का मुकाबला करने के लिए नए गठबंधन बन रहे थे। 1967 में संयुक्त विधायक दल (संयुक्त विधानमंडल समूह) के गठन में ठाकुर की भूमिका ने बिहार के राजनीतिक परिदृश्य की बदलती गतिशीलता का उदाहरण पेश किया।

संयुक्त विधायक दल समाजवादी पार्टियों का गठबंधन था, जिसमें संयुक्त सोशलिस्ट पार्टी, प्रजा सोशलिस्ट पार्टी और अन्य दल शामिल थे। इस गठबंधन का गठन प्रचलित राजनीतिक व्यवस्था के खिलाफ एकीकृत मोरचे की आवश्यकता की प्रतिक्रिया थी। गठबंधन बनाने और वैचारिक रूप से विविध दलों के बीच एकता को बढ़ावा देने में ठाकुर की कुशलता ने उन्हें राजनीतिक क्षेत्र में एक रणनीतिक वास्तुकार के रूप में चिह्नित किया।

चुनावी सफलता और विधायी प्रभाव

1967 के विधानसभा चुनाव बिहार के राजनीतिक प्रक्षेप पथ में एक महत्त्वपूर्ण मोड़ साबित हुए। कर्पूरी ठाकुर की अहम भूमिका में संयुक्त विधायक दल ने महत्त्वपूर्ण जनादेश हासिल किया। 5 मार्च, 1967 को महामाया प्रसाद सिन्हा मंत्रिमंडल में ठाकुर उप-मुख्यमंत्री के साथ-साथ वित्त एवं शिक्षा मंत्री भी बनाए गए। बतौर शिक्षा मंत्री ठाकुर ने मैट्रिक परीक्षा में अंग्रेजी विषय की अनिवार्यता समाप्त करने का साहसिक निर्णय लिया।

ठाकुर के नेतृत्व में सरकार ने शैक्षिक बुनियादी ढाँचे में सुधार लाने, राज्य भर में बच्चों के लिए गुणवत्तापूर्ण शिक्षा तक पहुँच सुनिश्चित करने की दिशा में काम किया। प्राथमिक शिक्षा पर जोर बिहार के सामाजिक-आर्थिक विकास के लिए ठाकुर के व्यापक दृष्टिकोण के अनुरूप, अधिक साक्षर और सूचित आबादी की नींव रखने के लिए एक रणनीतिक कदम था।

28 जनवरी, 1968 तक वे पदस्थ रहे।

गठबंधन की जीत पारंपरिक सत्ता संरचनाओं से विचलन का प्रतीक थी और ठाकुर को एक ऐसे नेता के रूप में स्थापित किया गया, जो महत्त्वपूर्ण बदलाव लाने की क्षमता रखते थे। विधायी क्षेत्र में ठाकुर का प्रभाव तत्काल और गहरा था। एक निर्वाचित प्रतिनिधि के रूप में उन्होंने हाशिए पर पड़े लोगों के हितों की वकालत करना जारी रखा और विधायी एजेंडे को आकार देने वाली बहसों और चर्चाओं में सक्रिय रूप से भाग लिया। विधानसभा में उनके शुरुआती वर्षों में सामाजिक न्याय के सिद्धांतों के प्रति प्रतिबद्धता और सामाजिक-आर्थिक रूप से वंचितों के उत्थान के उद्देश्य से नीतियों का निरंतर अनुसरण दिखाया गया।

राजनीति में उनका प्रवेश कोई एकाकी कार्य नहीं था, बल्कि परिवर्तनशील समाज की सामूहिक आकांक्षाओं की प्रतिक्रिया थी।

□

4

कर्पूरी ठाकुर का राजनीतिक उत्थान

जमीनी स्तर से लेकर सत्ता के शीर्ष तक कर्पूरी ठाकुर का राजनीतिक उत्थान उनकी अदम्य भावना, राजनीतिक कौशल और आम आदमी के कल्याण के प्रति अटूट प्रतिबद्धता का प्रमाण है। राजनीति में ठाकुर के शुरुआती वर्षों को उनकी जमीनी स्तर की सक्रियता और हाशिए पर पड़े लोगों के हित के लिए दृढ़ प्रतिबद्धता द्वारा परिभाषित किया गया था। चुनावी राजनीति में उनके प्रवेश ने एक स्वाभाविक प्रगति को चिह्नित किया, क्योंकि उन्होंने अपनी वकालत को विधायी कारवाई में तब्दील करने की कोशिश की। वर्ष 1952 में वे सोशलिस्ट पार्टी का प्रतिनिधित्व करते हुए पहली बार विधानसभा के सदस्य (एम.एल.ए.) के रूप में चुने गए।

एक विधायक के रूप में ठाकुर ने बहस और चर्चाओं में सक्रिय रूप से भाग लेकर अपनी विधायी शक्ति का प्रदर्शन किया। उनके भाषणों में बिहार के लोगों के सामने आने वाली सामाजिक-आर्थिक चुनौतियों की गहरी समझ थी। ठाकुर की विधायी पहल भूमि सुधार, श्रम अधिकार और सामाजिक न्याय जैसे मुद्दों पर केंद्रित थी, जो उनके बाद के राजनीतिक प्रक्षेपवक्र के लिए आधार तैयार कर रही थी।

संयुक्त विधायक दल का गठन

1960 के दशक में गठबंधन राजनीति के उद्भव के साथ बिहार के राजनीतिक परिदृश्य में एक आदर्श बदलाव देखा गया। कर्पूरी ठाकुर ने 1967

में संयुक्त विधायक दल (संयुक्त विधानमंडल समूह) के गठन में अपने प्रयासों के माध्यम से इस परिवर्तन में महत्त्वपूर्ण भूमिका निभाई। यह गठबंधन, जिसमें विभिन्न समाजवादी दल शामिल थे, स्थापित राजनीतिक संस्थाओं के प्रभुत्व को चुनौती देने वाली एक मजबूत ताकत बन गया।

गठबंधन बनाने और वैचारिक रूप से विविध दलों को एकजुट करने की ठाकुर की क्षमता ने उनके रणनीतिक कौशल को प्रदर्शित किया। संयुक्त विधायक दल का गठन बिहार के राजनीतिक इतिहास में एक महत्त्वपूर्ण क्षण था, जिसने सहयोगी शासन के एक नए युग की शुरुआत की। गठबंधन के भीतर ठाकुर के नेतृत्व ने राज्य की राजनीति में सर्वसम्मति-निर्माता और एकजुट करने वाली ताकत के रूप में उनकी भविष्य की भूमिकाओं के लिए मंच तैयार किया।

मंत्रिस्तरीय भूमिकाएँ और प्रशासनिक प्रभाव

राज्य सरकार में मंत्री पद पर नियुक्ति के साथ ही राजनीतिक पदानुक्रम में ठाकुर के उत्थान को गति मिली। उनका पहला मंत्रिस्तरीय कार्यभार 1967 में आया, जब वे बिहार राज्य में वित्त एवं शिक्षा मंत्री बने। इस दौरान उनके प्रशासनिक कौशल और सक्रिय दृष्टिकोण ने प्रशंसा अर्जित की, जिससे उन्हें समाजवादी सिद्धांतों को मूर्त शासन में परिवर्तित करने में सक्षम नेता के रूप में स्थान मिला। भूमि सुधारों पर ठाकुर के प्रभाव ने आने वाले वर्षों में और अधिक व्यापक भूमिकाओं के लिए मंच तैयार किया।

एक दूरदर्शी नेता

ठाकुर की राजनीतिक उन्नति का शिखर 1977 में बिहार के मुख्यमंत्री के रूप में उनकी नियुक्ति के साथ आया। आपातकाल के बाद जनता पार्टी की जीत ने ठाकुर के लिए राज्य में सर्वोच्च राजनीतिक पद ग्रहण करने का मार्ग प्रशस्त किया। 1977 से 1979 तक उनका कार्यकाल शासन के लिए एक दूरदर्शी दृष्टिकोण द्वारा चिह्नित किया गया था, क्योंकि उन्होंने बिहार के सामने लंबे समय से चले आ रहे सामाजिक-आर्थिक मुद्दों को संबोधित करने की कोशिश की थी।

अपने मुख्यमंत्रित्व काल के दौरान ठाकुर की ऐतिहासिक पहलों में से एक '20-सूत्रीय सामाजिक-आर्थिक कार्यक्रम' का कार्यान्वयन था। इस व्यापक नीति ढाँचे ने भूमि सुधार, रोजगार सृजन, शिक्षा और स्वास्थ्य देखभाल जैसे महत्त्वपूर्ण क्षेत्रों को छुआ। यह कार्यक्रम समावेशी विकास के प्रति ठाकुर की प्रतिबद्धता का प्रकटीकरण था, जिसने राज्य में बाद की सरकारों के लिए एक मिसाल कायम की।

भूमि सुधार : सामंती जंजीरों को तोड़ना

ठाकुर के मुख्यमंत्री के एजेंडे की आधारशिलाओं में से एक जमींदारी प्रथा का उन्मूलन और भूमि सुधारों का कार्यान्वयन था। सामंती संरचना, जिसने सामाजिक और आर्थिक असमानताओं को कायम रखा, बिहार में प्रगति के लिए एक दीर्घकालिक बाधा थी। इस व्यवस्था को खत्म करने के ठाकुर के साहसिक निर्णय का उद्देश्य भूमिहीनों को भूमि का पुनर्वितरण करना और सामंती प्रभुत्व की जंजीरों को तोड़ना था।

ठाकुर के नेतृत्व में भूमि सुधारों का कार्यान्वयन बिहार के कृषि परिदृश्य में एक परिवर्तनकारी क्षण था। इसने उन लोगों को सशक्त बनाने का प्रयास किया, जो ऐतिहासिक रूप से हाशिए पर थे, उन्हें गरीबी और शोषण के चक्र से मुक्त होने के साधन प्रदान किए गए। सामाजिक न्याय के प्रति ठाकुर की दृढ़ प्रतिबद्धता को इस महत्त्वपूर्ण नीतिगत निर्णय में ठोस अभिव्यक्ति मिली।

20-सूत्रीय कार्यक्रम : एक व्यापक दृष्टिकोण

ठाकुर के मुख्यमंत्रित्व कार्यकाल को 20-सूत्रीय सामाजिक-आर्थिक कार्यक्रम के महत्त्वाकांक्षी कार्यान्वयन द्वारा चिह्नित किया गया था। इस व्यापक नीति पहल ने कई मुद्दों को संबोधित किया, जो शासन के प्रति ठाकुर के बहुमुखी दृष्टिकोण को दरशाता है। यह कार्यक्रम केवल नीतिगत नुस्खे का एक सेट नहीं था, बल्कि बिहार के समग्र विकास के लिए एक दूरदर्शी खाका था।

भूमि सुधार

कार्यक्रम में भूमि सुधारों के प्रति ठाकुर की प्रतिबद्धता को दोहराया और विस्तारित किया गया। इसका उद्देश्य भूमिहीनों को भूमि उपलब्ध कराना, सामंतवाद की बेड़ियों को तोड़ना और अधिक न्यायसंगत कृषि संरचना की शुरुआत करना था। भूमि पुनर्वितरण पर ध्यान हाशिए पर पड़े लोगों को उसी संसाधन तक पहुँच प्रदान करने की परिवर्तनकारी शक्ति में ठाकुर के विश्वास की पुष्टि थी, जो ऐतिहासिक रूप से शक्ति और विशेषाधिकार का प्रतीक रहा है।

रोजगार सृजन

सामाजिक-आर्थिक उत्थान के लिए रोजगार के महत्त्व को पहचानते हुए कार्यक्रम ने रोजगार के अवसर पैदा करने के उपायों की रूपरेखा तैयार की। ठाकुर ने एक ऐसे बिहार की संकल्पना की, जहाँ हर नागरिक के पास गरीबी के चंगुल से मुक्त होकर आजीविका कमाने का साधन हो। रोजगार सृजन पर जोर आर्थिक आत्मनिर्भरता के माध्यम से व्यक्तियों और समुदायों को सशक्त बनाने की उनकी प्रतिबद्धता को दरशाता है।

शिक्षा

शिक्षा प्रगतिशील बिहार के लिए ठाकुर के दृष्टिकोण की आधारशिला के रूप में उभरी। 20-सूत्रीय कार्यक्रम ने प्राथमिक शिक्षा पर ध्यान केंद्रित करने और स्कूल छोड़ने की दर को कम करने के प्रयासों के साथ शैक्षिक सुधारों की आवश्यकता को रेखांकित किया। ठाकुर ने शिक्षा को सामाजिक और आर्थिक सशक्तीकरण के उत्प्रेरक के रूप में मान्यता दी, जिससे अधिक साक्षर और सूचित आबादी की नींव रखी गई।

स्वास्थ्य देखभाल

कार्यक्रम में राज्य के समग्र विकास में स्वस्थ आबादी के महत्त्व को स्वीकार करते हुए स्वास्थ्य देखभाल को भी संबोधित किया गया। स्वास्थ्य

सेवा के बुनियादी ढाँचे और पहुँच में सुधार के लिए पहल की रूपरेखा तैयार की गई, जो शासन के प्रति ठाकुर के समग्र दृष्टिकोण को दरशाती है। स्वास्थ्य सेवा पर जोर एक ऐसे समाज के निर्माण की उनकी व्यापक दृष्टि के अनुरूप था, जहाँ कल्याण एक विलासिता नहीं, बल्कि एक मौलिक अधिकार था।

20-सूत्रीय कार्यक्रम अपनी समग्र और समावेशी दृष्टि के साथ बिहार में बाद की नीतियों के लिए एक कसौटी बन गया। राज्य के विकास के लिए एक व्यापक रोडमैप की कल्पना करने की ठाकुर की क्षमता उनके नेतृत्व कौशल और सामाजिक-आर्थिक असमानताओं के मूल कारणों को संबोधित करने के उनके दृढ़ संकल्प को दरशाती है।

चुनौतियाँ और विवाद

ठाकुर का मुख्यमंत्रित्व कार्यकाल चुनौतियों और विवादों से रहित नहीं था। आर्थिक रूप से पिछड़े वर्ग (ई.बी.सी.) आरक्षण नीति के कार्यान्वयन ने बहस और विरोध को जन्म दिया। आलोचकों ने तर्क दिया कि यह नीति संभावित रूप से सामाजिक स्तर से हाशिए पर रहने वाले समूहों के लिए आरक्षण के लाभों को कम कर सकती है। हालाँकि, ठाकुर ने समाज के सभी वर्गों के लिए समान अवसरों की आवश्यकता पर बल देते हुए अपने इस फैसले का बचाव किया।

ई.बी.सी. आरक्षण नीति से जुड़े विवाद ने जटिल सामाजिक-राजनीतिक परिदृश्य से निपटने के लिए आवश्यक जटिल संतुलन अधिनियम पर प्रकाश डाला। इस अवधि के दौरान ठाकुर के लचीलेपन ने उन नीतियों के प्रति उनकी प्रतिबद्धता को रेखांकित किया, जिनका उद्देश्य विरोध और आलोचना के बावजूद भी राज्य का समग्र विकास करना था।

□

5

कर्पूरी का बढ़ता प्रभाव

जैसे-जैसे कर्पूरी ठाकुर की राजनीतिक यात्रा आगे बढ़ी, उनका प्रभाव क्षेत्रीय सीमाओं से परे चला गया, जिससे वे राष्ट्रीय स्तर पर प्रमुख नेता बन गए। राष्ट्रीय आंदोलनों में उनके योगदान से लेकर राजनीतिक विमर्श को आकार देने में उनकी भूमिका तक ठाकुर अपने साथियों के बीच एक नेता के रूप में उभरे और भारत के सामाजिक-राजनीतिक परिदृश्य पर एक अमिट छाप छोड़ी।

राष्ट्रीय प्रासंगिकता : जनता पार्टी में ठाकुर की भूमिका

भारतीय राजनीति में आपातकाल के बाद की अवधि परिवर्तन की माँग और लोकतांत्रिक सिद्धांतों के पुनरुद्धार से चिह्नित थी। जनता पार्टी-विपक्षी दलों का गठबंधन—इस लोकतांत्रिक पुनरुत्थान के पथप्रदर्शक के रूप में उभरी। कर्पूरी ठाकुर ने जनता पार्टी में महत्त्वपूर्ण भूमिका निभाई, इसकी विचारधारा में योगदान दिया और इसके नेतृत्व में भाग लिया।

जनता पार्टी के साथ ठाकुर का जुड़ाव व्यापक राष्ट्रीय एजेंडे के प्रति उनकी प्रतिबद्धता को दरशाता है। सामाजिक न्याय और समावेशी शासन के लिए समर्पित नेता के रूप में उनकी विश्वसनीयता ने उन्हें विविध गठबंधन के भीतर एक एकीकृत शक्ति बना दिया। जैसे ही पार्टी 1977 के आम चुनावों के लिए तैयार हुई, ठाकुर की उपस्थिति ने जनता पार्टी

की लोकतांत्रिक मूल्यों और जन-केंद्रित शासन के प्रति प्रतिबद्धता को विश्वसनीयता प्रदान की।

राष्ट्रीय मान्यता : रेल मंत्रालय

मार्च 1977 के आम चुनावों में जनता पार्टी की जीत के बाद ठाकुर के नेतृत्व गुणों ने राष्ट्रीय ध्यान आकर्षित किया। इस आम चुनाव में कर्पूरी ठाकुर पहली बार समस्तीपुर लोकसभा निर्वाचन क्षेत्र से जनता पार्टी के उम्मीदवार के रूप में इंदिरा कांग्रेस के यमुना प्रसाद मंडल को कुल 3,27,434 मतों से पराजित कर लोकसभा के लिए चुने गए, लेकिन इसी वर्ष तीन महीने बाद ही जून में उन्हें दूसरी बार बिहार का मुख्यमंत्री बना दिया गया।

ठाकुर का प्रभाव प्रशासनिक भूमिकाओं से परे विस्तारित हुआ। सामाजिक न्याय के प्रति उनकी प्रतिबद्धता और हाशिए पर पड़े लोगों के उत्थान के प्रति उनके समर्पण की अभिव्यक्ति बिहार की सीमाओं से परे विभिन्न पहलों में हुई। ठाकुर ने सामाजिक-आर्थिक असमानताओं को दूर करने और वंचितों के अधिकारों की वकालत करने के उद्देश्य से राष्ट्रीय आंदोलनों और अभियानों में सक्रिय रूप से भाग लिया।

साल 1978 में उन्होंने पिछड़ी जातियों, महिलाओं एवं गरीबों के लिए आरक्षण की व्यवस्था की। इसके अंतर्गत 8 प्रतिशत पिछड़ों, 12 प्रतिशत अत्यंत पिछड़ों, 3 प्रतिशत महिला एवं 3 प्रतिशत आर्थिक रूप से पिछड़े सवर्णों के लिए आरक्षण की व्यवस्था की गई। इन समुदायों के सामने आने वाली चुनौतियों के बारे में ठाकुर की अंतर्दृष्टि उन नीतियों को तैयार करने में सहायक थी, जिनका उद्देश्य असमानताओं को कम करना और समान अवसर सुनिश्चित करना था।

सामाजिक न्याय की वकालत

सामाजिक न्याय के लिए ठाकुर की वकालत नौकरशाही जिम्मेदारियों से परे थी। वह सक्रिय रूप से विभिन्न मंचों और आंदोलनों से जुड़े रहे, जिन्होंने हाशिए पर पड़े लोगों के हितों की वकालत की। उनके भाषणों, लेखों

और राष्ट्रीय बहसों में भागीदारी से भारत के सामने आने वाली सामाजिक-राजनीतिक चुनौतियों की गहरी समझ झलकती है। दलितों के अधिकारों के एक कट्टर समर्थक के रूप में ठाकुर की आवाज न केवल बिहार में, बल्कि पूरे देश में गूँजी।

राजनीतिक गतिशीलता और चुनौतियाँ

जहाँ ठाकुर की राष्ट्रीय भूमिकाओं ने उन्हें पहचान दिलाई, वहीं उन्होंने उन्हें राष्ट्रीय स्तर पर गठबंधन राजनीति की जटिल गतिशीलता से भी अवगत कराया। विविध राजनीतिक विचारधाराओं के समूह जनता पार्टी को आंतरिक चुनौतियों का सामना करना पड़ा, जिसके कारण अंतत: उसका विभाजन हुआ। अलग-अलग हितों और विचारधाराओं वाले गठबंधन के प्रबंधन की जटिलताओं ने ऐसी चुनौतियाँ पेश कीं, जिनके लिए कुशल राजनीतिक चालबाजी की आवश्यकता थी।

इन चुनौतियों से निपटने, अपने सैद्धांतिक रुख को बनाए रखने और आम आदमी के हितों को बनाए रखने की ठाकुर की क्षमता ने उनके लचीलेपन और राजनीतिक चतुराई को प्रदर्शित किया। जनता पार्टी के भीतर आंतरिक दरारों के बावजूद, सामाजिक न्याय और समावेशी शासन के मूल्यों के प्रति ठाकुर की प्रतिबद्धता अटूट रही।

हाशिए पर पड़े लोगों के लिए वकालत : एक सतत प्रतिबद्धता

हाशिए पर मौजूद लोगों के अधिकारों के लिए ठाकुर की वकालत उनके राजनीतिक एजेंडे का केंद्रीय विषय बनी रही। राज्य या राष्ट्रीय स्तर पर वह भारतीय समाज को त्रस्त करने वाली सामाजिक-आर्थिक असमानताओं को दूर करने के लिए प्रतिबद्ध रहे। ठाकुर के प्रयास नीतिगत पहल तक ही सीमित नहीं थे; उन्होंने वंचितों के सामने आने वाली चुनौतियों के बारे में जागरूकता पैदा करने के उद्देश्य से आंदोलनों और पहलों में भी सक्रिय रूप से भाग लिया।

आरक्षण नीतियाँ

सामाजिक और आर्थिक रूप से पिछड़े वर्गों के लिए आरक्षण नीतियों की ठाकुर की वकालत दृढ़ रही। उन्होंने हाशिए पर रहने वाले समुदायों के लिए समान अवसर और प्रतिनिधित्व सुनिश्चित करने के लिए सकारात्मक कारवाई की आवश्यकता पर जोर देना जारी रखा। आरक्षण नीतियों पर ठाकुर का रुख एक अधिक समावेशी और न्यायसंगत समाज बनाने की उनकी प्रतिबद्धता को दरशाता है। राज्य और राष्ट्रीय भूमिकाओं के बीच निर्बाध रूप से परिवर्तन करने की ठाकुर की क्षमता ने राजनीतिक क्षेत्र में उनकी बहुमुखी प्रतिभा और स्थायी प्रासंगिकता को दरशाया।

□

6

कर्पूरी ठाकुर के आदर्श

कर्पूरी ठाकुर की राजनीतिक यात्रा सामाजिक न्याय के सिद्धांतों पर आधारित थी। हाशिए पर मौजूद लोगों के उत्थान, सामाजिक असमानताओं को दूर करने और वंचितों की वकालत करने की ठाकुर की अटूट प्रतिबद्धता ने उन्हें सामाजिक न्याय के सच्चे चैंपियन के रूप में स्थापित किया।

समाजवाद में जड़ें

ठाकुर की राजनीतिक यात्रा स्वतंत्रता के बाद के भारत में समाजवादी आंदोलन की पृष्ठभूमि में शुरू हुई। राम मनोहर लोहिया और जयप्रकाश नारायण जैसे नेताओं से प्रभावित होकर ठाकुर की समाजवादी विचारधाराओं के शुरुआती संपर्क ने सामाजिक न्याय के प्रति उनकी प्रतिबद्धता की नींव रखी। संसाधनों और अवसरों के समान वितरण पर ध्यान देने वाले समाजवाद के सिद्धांत ठाकुर के राजनीतिक कॅरियर के मार्गदर्शक सिद्धांत बन गए।

भूमि सुधार : आर्थिक असमानताओं को संबोधित करना

ठाकुर के सामाजिक न्याय एजेंडे के मूलभूत स्तंभों में से एक भूमि सुधार था। बिहार के कृषि परिदृश्य की विशेषता सामंती संरचनाएँ थीं, जो आर्थिक असमानताओं को कायम रखती थीं। विधायक और बाद में मुख्यमंत्री के रूप में ठाकुर ने जमींदारी प्रथा को खत्म करने और भूमिहीनों को भूमि का

पुनर्वितरण करने की पहल की। इस परिवर्तनकारी नीति का उद्देश्य सामंती प्रभुत्व की जंजीरों को तोड़ना और आर्थिक रूप से हाशिए पर पड़े लोगों को सशक्त बनाना था।

भूमि सुधारों का प्रभाव महज आर्थिक पुनर्वितरण से कहीं आगे तक गया। यह ऐतिहासिक रूप से मताधिकार से वंचित लोगों को आर्थिक सहयोग प्रदान करने का एक रणनीतिक कदम था। भूमि सुधारों के माध्यम से आर्थिक असमानताओं को दूर करने की ठाकुर की प्रतिबद्धता आर्थिक और सामाजिक न्याय के बीच अंतर्संबंध की उनकी गहरी समझ को दरशाती है।

श्रम अधिकारों की वकालत

ठाकुर के समाजवादी आदर्शों का विस्तार मजदूरों के अधिकारों तक था। उन्होंने सक्रिय रूप से श्रमिकों के हितों की वकालत की, उचित वेतन, बेहतर कामकाजी परिस्थितियों और श्रम अधिकारों की सुरक्षा की वकालत की। श्रमिक आंदोलनों में ठाकुर की भागीदारी और उनके विधायी प्रयास एक ऐसा वातावरण बनाने की प्रतिबद्धता को दरशाते हैं, जहाँ श्रमिक वर्ग अपने अधिकारों का दावा कर सके और आर्थिक हिस्से में उचित हिस्सेदारी का दावा कर सके।

समाज के विभिन्न वर्गों के सामने आने वाली बहुआयामी चुनौतियों को संबोधित करने के लिए ठाकुर के सामाजिक न्याय आदर्शों की अंतर्संबंधता उनके समग्र दृष्टिकोण में स्पष्ट थी। कृषि सुधारों से लेकर श्रम अधिकारों तक उन्होंने एक ऐसे समाज की कल्पना की, जहाँ आर्थिक अवसर सभी के लिए सुलभ हों, चाहे उनकी सामाजिक या आर्थिक पृष्ठभूमि कुछ भी हो।

सामाजिक न्याय का प्रवेश द्वार

ठाकुर ने शिक्षा को सामाजिक परिवर्तन के लिए एक शक्तिशाली उपकरण के रूप में मान्यता दी। शैक्षिक सशक्तीकरण के लिए उनकी वकालत इस विश्वास पर आधारित थी कि गुणवत्तापूर्ण शिक्षा तक पहुँच गरीबी के चक्र

को तोड़ सकती है और समुदायों का उत्थान कर सकती है। शिक्षा के क्षेत्र में ठाकुर की पहल यह सुनिश्चित करने के लिए थी कि प्रत्येक बच्चे को उनकी सामाजिक-आर्थिक पृष्ठभूमि की परवाह किए बिना एक सार्थक शिक्षा प्राप्त करने का अवसर मिले।

प्राथमिक शिक्षा को प्राथमिकता

मुख्यमंत्री के रूप में ठाकुर ने अपने सामाजिक न्याय एजेंडे की आधारशिला के रूप में प्राथमिक शिक्षा को प्राथमिकता दी। यह स्वीकार करते हुए कि एक न्यायपूर्ण समाज की नींव एक शिक्षित आबादी में निहित है, उन्होंने प्राथमिक शिक्षा के बुनियादी ढाँचे में सुधार के प्रयासों को निर्देशित किया। शिक्षा के प्रारंभिक वर्षों पर जोर देना एक साक्षर और सूचित नागरिक वर्ग के लिए आधार तैयार करने का एक रणनीतिक कदम था।

ड्रॉपआउट दर को कम करना

शैक्षिक सशक्तीकरण के प्रति ठाकुर की प्रतिबद्धता विशेषकर हाशिए पर रहने वाले समुदायों के बीच उच्च ड्रॉपआउट दर के मुद्दे को संबोधित करने तक विस्तारित हुई। उन्होंने निरंतर शैक्षिक गतिविधियों के लिए अनुकूल वातावरण बनाने के लिए उपायों को लागू किया, यह पहचानते हुए कि शिक्षा के लाभ इच्छित लाभार्थियों तक पहुँचना सुनिश्चित करने के लिए ड्रॉपआउट दरों को कम करना महत्त्वपूर्ण था।

महिलाओं को सशक्त बनाना

ठाकुर का सामाजिक न्याय एजेंडा समावेशी था, जिसमें शिक्षा के माध्यम से महिलाओं का सशक्तीकरण शामिल था। उन्होंने माना कि महिलाओं को शिक्षित करना न केवल व्यक्तिगत अधिकारों का मामला है, बल्कि सामाजिक प्रगति के लिए भी उत्प्रेरक है। लड़कियों के लिए शैक्षिक अवसरों को बढ़ाने के उद्देश्य से ठाकुर की पहल शिक्षा में लिंग आधारित बाधाओं को खत्म करने की उनकी प्रतिबद्धता को दरशाती है।

समावेशी शासन

ठाकुर के सामाजिक न्याय एजेंडे का एक महत्त्वपूर्ण पहलू आरक्षण नीतियों का कार्यान्वयन था। जाति आधारित भेदभाव से उत्पन्न ऐतिहासिक अन्याय को पहचानते हुए उन्होंने हाशिए पर रहने वाले समुदायों के लिए प्रतिनिधित्व और अवसर सुनिश्चित करने के लिए सकारात्मक काररवाई का समर्थन किया।

आर्थिक रूप से पिछड़ा वर्ग (ई.बी.सी.) आरक्षण

आर्थिक रूप से पिछड़े वर्गों (ई.बी.सी.) के लिए आरक्षण नीतियों को लागू करने के ठाकुर के फैसले को चुनौतियों और विवादों का सामना करना पड़ा। आलोचकों ने तर्क दिया कि यह नीति सामाजिक रूप से हाशिए पर रहने वाले समूहों के लिए आरक्षण के लाभों को कम कर सकती है। हालाँकि, ठाकुर ने जाति या वर्ग की परवाह किए बिना समाज के सभी वर्गों के लिए समान अवसरों की आवश्यकता पर बल देते हुए अपने इस फैसले का बचाव किया।

ई.बी.सी. आरक्षण से जुड़े विवाद ने विभिन्न समूहों के हितों के बीच संतुलन हासिल करने के लिए सामाजिक-राजनीतिक परिदृश्य को नेविगेट करने की जटिलताओं को रेखांकित किया। ठाकुर का रुख सामाजिक न्याय के प्रति एक सूक्ष्म दृष्टिकोण के प्रति उनकी प्रतिबद्धता को दरशाता है, जो जाति और आर्थिक स्थिति के परस्पर कारकों पर विचार करता है।

अनुसूचित जाति (एस.सी.) और अनुसूचित जनजाति (एस.टी.) आरक्षण

अनुसूचित जाति (एस.सी.) और अनुसूचित जनजाति (एस.टी.) तक विस्तारित आरक्षण नीतियों के प्रति ठाकुर की प्रतिबद्धता थी। उन्होंने इन समुदायों द्वारा झेले गए ऐतिहासिक अन्याय को पहचाना और ऐसी नीतियों की वकालत की, जो उन्हें शिक्षा, रोजगार और शासन में अवसरों तक पहुँच प्रदान करे।

आरक्षण नीतियों का कार्यान्वयन ठाकुर के लिए सिर्फ एक प्रतीकात्मक इशारा नहीं था; यह भेदभाव की सदियों पुरानी संरचनाओं को खत्म करने और एक अधिक समावेशी समाज बनाने की दिशा में एक ठोस कदम था।

आर्थिक सुधार : सामाजिक-आर्थिक अंतर को पाटना

ठाकुर के सामाजिक न्याय के दृष्टिकोण में बिहार को प्रभावित करने वाली आर्थिक असमानताओं को संबोधित करना शामिल था। उनके आर्थिक सुधारों का उद्‌देश्य एक ऐसा वातावरण बनाना था, जहाँ समृद्धि केवल कुछ लोगों तक ही सीमित न रहे, बल्कि पूरे सामाजिक-आर्थिक दायरे में फैले।

जमींदारी प्रथा का उन्मूलन

जमींदारी प्रथा का उन्मूलन एक ऐतिहासिक आर्थिक सुधार था, जिसका गहरा सामाजिक प्रभाव था। इस सामंती ढाँचे को खत्म करके ठाकुर का लक्ष्य भूमिहीनों को भूमि का पुनर्वितरण करना था, जो सदियों पुरानी प्रणालियों द्वारा कायम आर्थिक असमानता की जकड़ को तोड़ रहा था।

इस सुधार का आर्थिक प्रभाव दोहरा था—इसने उन लोगों को सशक्त बनाया, जो ऐतिहासिक रूप से हाशिए पर थे और इसने संसाधनों के अधिक न्यायसंगत वितरण की नींव रखी। आर्थिक न्याय के प्रति ठाकुर की प्रतिबद्धता इस परिवर्तनकारी नीतिगत निर्णय में प्रकट हुई।

रोजगार सृजन

सामाजिक-आर्थिक उत्थान में रोजगार के महत्त्व को पहचानते हुए ठाकुर की नीतियों में रोजगार के अवसर पैदा करने के उपाय शामिल थे। उनका दृष्टिकोण एक ऐसा वातावरण बनाना था, जहाँ प्रत्येक नागरिक के पास गरीबी के चंगुल से मुक्त होकर आजीविका कमाने का साधन हो।

रोजगार सृजन पर जोर आर्थिक अवसरों और सामाजिक न्याय के बीच सहजीवी संबंध के बारे में ठाकुर की समझ को दरशाता है। रोजगार के रास्ते

बनाना आर्थिक आत्मनिर्भरता के माध्यम से व्यक्तियों और समुदायों को सशक्त बनाने का एक रणनीतिक कदम था।

सामाजिक न्याय की विरासत : नीतियों से परे

सामाजिक न्याय के चैंपियन के रूप में ठाकुर की विरासत उनके द्वारा लागू की गई नीतियों से कहीं आगे तक जाती है। यह उनके नेतृत्व के लोकाचार, उनके द्वारा अपनाए गए सिद्धांतों और बिहार के सामाजिक-राजनीतिक ताने-बाने पर उनके स्थायी प्रभाव में अंतर्निहित है। एक न्यायपूर्ण और न्यायसंगत समाज के लिए उनका दृष्टिकोण उनके मुख्यमंत्रित्व काल तक ही सीमित नहीं था; यह भविष्य के नेताओं और नीति-निर्माताओं के लिए एक मार्गदर्शक प्रकाश भी बन गया।

आम आदमी के नेता : जननायक

'जननायक' (पीपुल्स लीडर) की उपाधि ठाकुर के लिए मात्र सम्मानजनक नहीं थी; इसने उनके नेतृत्व के सार को समाहित कर दिया। जनता से जुड़ने, उनकी जरूरतों को प्राथमिकता देने और उनके हितों की वकालत करने की उनकी क्षमता ने एक ऐसे नेता के रूप में उनकी जगह पक्की कर दी, जो लोगों के साथ और उनके लिए खड़ा था।

सामाजिक न्याय के लिए ठाकुर की वकालत आम आदमी की वास्तविकताओं से अलग नहीं थी। उन्होंने हाशिए पर पड़े लोगों की भाषा-बोली, उनके संघर्षों को समझा और एक ऐसे समाज के लिए संघर्ष किया, जहाँ उनके अधिकारों को न केवल स्वीकार किया गया, बल्कि सक्रिय रूप से संरक्षित भी किया गया।

समावेशी शासन के प्रति प्रतिबद्धता

सामाजिक न्याय के प्रति ठाकुर की प्रतिबद्धता एक-आयामी दृष्टिकोण नहीं था; यह शासन के हर पहलू में व्याप्त है। समावेशी नीतियों, समाज के सभी वर्गों के लिए प्रतिनिधित्व और वंचितों के लिए अवसर पैदा करने

पर उनका जोर सामाजिक न्याय की एक व्यापक दृष्टि को दरशाता है, जो प्रतीकात्मकता से परे है।

ठाकुर द्वारा प्रतिपादित समावेशी शासन के सिद्धांत बिहार में बाद के प्रशासन के लिए एक मानक बन गए। उनकी विरासत ने शासन के ढाँचे को प्रभावित किया, नीतियों को आकार दिया, जिसका उद्देश्य सामाजिक-आर्थिक अंतर को पाटना और अधिक न्यायपूर्ण सामाजिक व्यवस्था सुनिश्चित करना था।

बिहार के राजनीतिक परिदृश्य पर स्थायी प्रभाव

ठाकुर के सामाजिक न्याय के आदर्शों ने बिहार के राजनीतिक परिदृश्य पर स्थायी प्रभाव छोड़ा। विमर्श बदल गया और बाद के नेताओं ने खुद को 'जननायक' द्वारा निर्धारित मानकों पर कायम पाया। सामाजिक न्याय के सिद्धांत राजनीतिक आख्यान का एक अभिन्न अंग बन गए और ठाकुर की विरासत लोगों की आकांक्षाओं और अपेक्षाओं को आकार देती रही।

□

7

मुख्यमंत्री : कर्पूरी का पहला कार्यकाल

कर्पूरी ठाकुर का 22 जून, 1970 को पहली बार मुख्यमंत्री पद पर आसीन होना बिहार के राजनीतिक परिदृश्य में एक महत्त्वपूर्ण मोड़ था। सामाजिक न्याय और आर्थिक विकास के प्रति उनकी प्रतिबद्धता ने राज्य के इतिहास में एक परिवर्तनकारी युग की नींव रखी। हालाँकि, उनका यह कार्यकाल 2 जून, 1971 तक लगभग पाँच महीने ही चला।

सामाजिक न्याय सुधार

कर्पूरी ठाकुर, जो सामाजिक न्याय की कट्टर वकालत के लिए जाने जाते थे, ने समाज के हाशिए पर रहने वाले वर्गों के उत्थान के उद्देश्य से महत्त्वपूर्ण सुधारों की शुरुआत की। उनके ऐतिहासिक निर्णयों में से एक सरकारी नौकरियों और शैक्षणिक संस्थानों में आरक्षण नीति लागू करना था। इस कदम का उद्देश्य अनुसूचित जाति, अनुसूचित जनजाति और अन्य पिछड़े वर्गों के लिए अवसर प्रदान करना था, जिससे समावेशिता को बढ़ावा मिले और ऐतिहासिक रूप से उत्पीड़ित समुदायों को सशक्त बनाया जा सके।

ठाकुर के नेतृत्व में बिहार ने ऐसी नीतियों का निर्माण और कार्यान्वयन देखा, जिन्होंने राज्य में प्रचलित सामाजिक-आर्थिक असमानताओं को संबोधित किया। वह एक समतापूर्ण समाज बनाने के लिए प्रतिबद्ध थे, जहाँ

प्रत्येक नागरिक को उसकी जाति या सामाजिक पृष्ठभूमि की परवाह किए बिना अवसरों तक पहुँच प्राप्त हो।

शिक्षा क्रांति

एक प्रगतिशील समाज को आकार देने में शिक्षा की महत्त्वपूर्ण भूमिका को पहचानते हुए, कर्पूरी ठाकुर ने राज्य की शिक्षा प्रणाली में सुधार के लिए कई पहलें शुरू कीं। उनकी सरकार ने विशेषकर ग्रामीण क्षेत्रों में स्कूलों और कॉलेजों की स्थापना और सुधार में महत्त्वपूर्ण निवेश किया। समाज के सभी वर्गों के बच्चों को गुणवत्तापूर्ण शिक्षा प्रदान करने पर जोर दिया गया।

ठाकुर के कार्यकाल में नवीन शैक्षिक कार्यक्रमों, छात्रवृत्तियों और वित्तीय सहायता योजनाओं की शुरुआत हुई, ताकि यह सुनिश्चित किया जा सके कि हर बच्चा अपनी आर्थिक पृष्ठभूमि के बावजूद, बिना किसी बाधा के शिक्षा प्राप्त कर सके। शिक्षा के प्रति इस प्रतिबद्धता ने अधिक साक्षर और सूचित बिहार की नींव रखी।

आर्थिक विकास और कृषि सुधार

कर्पूरी ठाकुर ने बिहार की समग्र प्रगति में कृषि विकास के महत्त्व को पहचाना। उनकी सरकार ने उत्पादकता बढ़ाने और किसानों की सामाजिक-आर्थिक स्थिति में सुधार लाने के उद्देश्य से व्यापक कृषि सुधार पेश किए। सिंचाई परियोजनाओं, कृषि विस्तार सेवाओं तथा बीजों और उर्वरकों पर सब्सिडी के प्रावधान जैसी पहलों ने कृषि क्षेत्र में महत्त्वपूर्ण सुधारों में योगदान दिया।

ठाकुर के प्रशासन ने रोजगार के अवसर पैदा करने और आर्थिक विकास को प्रोत्साहित करने के लिए छोटे और मध्यम आकार के उद्योगों के विकास को भी प्राथमिकता दी। उनकी दूरदर्शी आर्थिक नीतियों का उद्देश्य बिहार की अर्थव्यवस्था में विविधता लाना और कृषि पर निर्भरता कम करना, अधिक लचीला और टिकाऊ विकास मॉडल को बढ़ावा देना था।

बुनियादी ढाँचे का विकास

कर्पूरी ठाकुर के पहले कार्यकाल के दौरान बुनियादी ढाँचे का विकास एक प्रमुख फोकस क्षेत्र के रूप में उभरा। उनकी सरकार ने सड़कों, पुलों और अन्य आवश्यक बुनियादी ढाँचा परियोजनाओं के निर्माण और सुधार में निवेश किया। इससे न केवल राज्य के भीतर बेहतर कनेक्टिविटी की सुविधा मिली, बल्कि निवेश आकर्षित करने तथा व्यापार और वाणिज्य को बढ़ावा देने के लिए भी आधार तैयार हुआ।

बुनियादी ढाँचे के विकास के प्रति ठाकुर की प्रतिबद्धता स्वास्थ्य सेवा और स्वच्छता क्षेत्रों तक विस्तारित हुई। अस्पतालों, स्वास्थ्य केंद्रों और स्वच्छता कार्यक्रमों की स्थापना का उद्देश्य सार्वजनिक स्वास्थ्य में सुधार करना और नागरिकों के समग्र कल्याण के लिए अनुकूल वातावरण बनाना है।

महिलाओं का सशक्तीकरण

कर्पूरी ठाकुर ने प्रगतिशील समाज के निर्माण में महिला सशक्तीकरण के महत्त्व को पहचाना। उनकी सरकार ने बिहार में महिलाओं के सामने आने वाली चुनौतियों के समाधान के लिए महत्त्वपूर्ण कदम उठाए। राज्य में महिलाओं की सामाजिक-आर्थिक स्थिति को बढ़ाने के लिए महिला शिक्षा कार्यक्रम, कौशल विकास पहल और स्थानीय शासन संरचनाओं में महिलाओं की भागीदारी को बढ़ावा देने जैसी पहल की गईं।

ठाकुर के कार्यकाल में महिलाओं की सुरक्षा और कल्याण सुनिश्चित करने के उद्देश्य से नीतियों और कानूनों का कार्यान्वयन देखा गया। लैंगिक समानता के प्रति उनकी प्रतिबद्धता ने एक अधिक समावेशी और सशक्त समाज के लिए मंच तैयार किया।

निष्कर्षत: बिहार के मुख्यमंत्री के रूप में कर्पूरी ठाकुर के पहले कार्यकाल की विशेषता दूरदर्शी नेतृत्व, सामाजिक न्याय के प्रति प्रतिबद्धता और विकास के प्रति समग्र दृष्टिकोण था। इस अवधि के दौरान की गई

उपलब्धियों और पहलों ने आने वाले वर्षों में बिहार की प्रगति की नींव रखी। हाशिए पर पड़े लोगों के चैंपियन और एक दूरदर्शी नेता के रूप में ठाकुर की विरासत भविष्य की पीढ़ियों को प्रेरित करती रहेगी, जिससे उनका कार्यकाल बिहार के इतिहास में एक महत्त्वपूर्ण अध्याय बन जाएगा।

□

8

मुख्यमंत्री : कर्पूरी का दूसरा कार्यकाल

जैसे ही कर्पूरी ठाकुर ने 24 जून, 1977 को दूसरी बार मुख्यमंत्री का पद सँभाला, बिहार को उनके पहले कार्यकाल की विशेषता वाले परिवर्तनकारी नेतृत्व की निरंतरता की उत्सुकता से उम्मीद थी। उनका यह कार्यकाल भी 21 अप्रैल, 1979 तक लगभग दो साल चला।

सामाजिक न्याय सुधारों को समेकित करना

अपने पहले कार्यकाल में रखी गई नींव पर निर्माण करते हुए कर्पूरी ठाकुर सामाजिक न्याय के लिए प्रतिबद्ध रहे। उनके दूसरे कार्यकाल में आरक्षण नीति को सुदृढ़ किया गया, इसके प्रभावी कार्यान्वयन को सुनिश्चित किया गया और उत्पन्न होने वाली किसी भी खामी को दूर किया गया। ठाकुर की सरकार ने अधिक न्यायसंगत और समावेशी समाज बनाने पर ध्यान केंद्रित करते हुए इन नीतियों के प्रभाव की निगरानी और मूल्यांकन करने के लिए भी उपाय किए।

आरक्षण नीतियों के अलावा ठाकुर के प्रशासन ने हाशिए पर रहने वाले समुदायों को सशक्त बनाने के उद्देश्य से नवीन सकारात्मक काररवाई कार्यक्रम पेश किए। इन पहलों में कौशल विकास कार्यक्रम, उद्यमिता के अवसर और ऋण सुविधाओं तक पहुँच, आर्थिक स्वतंत्रता और सामाजिक गतिशीलता को बढ़ावा देना आदि शामिल हैं।

सभी के लिए शिक्षा

अपने दूसरे कार्यकाल के दौरान कर्पूरी ठाकुर के लिए शिक्षा प्राथमिकता बनी रही। राज्य के भविष्य को आकार देने में शिक्षा की महत्त्वपूर्ण भूमिका को पहचानते हुए उनकी सरकार ने शिक्षा की गुणवत्ता बढ़ाने और इसकी पहुँच का विस्तार करने के लिए व्यापक उपाय लागू किए।

ठाकुर के दूसरे कार्यकाल में नए स्कूलों और कॉलेजों की स्थापना देखी गई, खासकर दूर-दराज और वंचित क्षेत्रों में। ध्यान न केवल नामांकन बढ़ाने, बल्कि शिक्षक प्रशिक्षण कार्यक्रमों और पाठ्यक्रम सुधारों के माध्यम से शिक्षा के मानक में सुधार लाने पर भी केंद्रित हो गया। लक्ष्य एक मजबूत शिक्षा प्रणाली बनाना था, जो युवाओं को तेजी से विकसित हो रही दुनिया के लिए आवश्यक कौशल से सुसज्जित करे।

कृषि उन्नति और ग्रामीण विकास

कर्पूरी ठाकुर के दूसरे कार्यकाल में कृषि क्षेत्र के प्रति उनकी प्रतिबद्धता जारी रही। किसानों के सामने आने वाली चुनौतियों को पहचानते हुए उनकी सरकार ने कृषि उत्पादकता बढ़ाने, टिकाऊ कृषि पद्धतियों को बढ़ावा देने और कृषि उपज के लिए उचित मूल्य सुनिश्चित करने के लिए नीतियाँ लागू कीं।

कृषि में प्रौद्योगिकी की शुरुआत, जैविक खेती के लिए समर्थन और किसान सहकारी समितियों की स्थापना जैसे नवीन उपायों का उद्देश्य किसानों को सशक्त बनाना और कृषि को अधिक आकर्षक व्यवसाय बनाना था। ग्रामीण विकास पर ठाकुर का जोर कृषि से परे था, जिसमें ग्रामीण बुनियादी ढाँचे, विद्युतीकरण और स्वच्छ पेयजल तक पहुँच से संबंधित पहलें शामिल थीं।

प्रगति के लिए बुनियादी ढाँचा

कर्पूरी ठाकुर के दूसरे कार्यकाल में बुनियादी ढाँचे के विकास में उल्लेखनीय वृद्धि देखी गई। आर्थिक विकास के लिए एक अच्छी तरह से जुड़े राज्य के महत्त्व को पहचानते हुए उनकी सरकार ने सड़कों, पुलों और

परिवहन नेटवर्क के विस्तार और रख-रखाव में निवेश किया। इन प्रयासों से न केवल बिहार के भीतर बेहतर कनेक्टिविटी की सुविधा मिली, बल्कि राज्य को निवेश के लिए एक आकर्षक गंतव्य के रूप में भी स्थापित किया गया।

ठाकुर के प्रशासन ने आधुनिक सुविधाओं की स्थापना और टिकाऊ शहरी नियोजन को बढ़ावा देने के साथ शहरी विकास पर भी ध्यान केंद्रित किया। औद्योगिक क्षेत्रों के विकास और शहरी क्षेत्रों में रोजगार के अवसरों के सृजन का उद्देश्य ग्रामीण-शहरी प्रवास की चुनौतियों का समाधान करना और संतुलित क्षेत्रीय विकास को बढ़ावा देना था।

महिलाओं और अल्पसंख्यकों को सशक्त बनाना

महिलाओं और अल्पसंख्यकों के सशक्तीकरण के प्रति कर्पूरी ठाकुर की प्रतिबद्धता उनके दूसरे कार्यकाल में भी अटूट रही। उनकी सरकार ने शिक्षा, स्वास्थ्य देखभाल और आर्थिक अवसरों तक पहुँच सहित इन समूहों के सामने आने वाली विशिष्ट चुनौतियों का समाधान करने के लिए लक्षित कार्यक्रम पेश किए।

लैंगिक समानता और अल्पसंख्यक अधिकारों को बढ़ावा देने के उद्देश्य से ठाकुर की नीतियों में जागरूकता अभियान, कानूनी सुधार और समर्थन तंत्र का निर्माण शामिल था। फोकस न केवल मौजूदा असमानताओं को दूर करने पर था, बल्कि एक ऐसा माहौल बनाने पर भी था, जहाँ महिलाएँ और अल्पसंख्यक समुदाय राज्य के सामाजिक-आर्थिक और राजनीतिक जीवन में सक्रिय रूप से भाग ले सकें।

प्रशासनिक सुधार और सुशासन

कुशल और पारदर्शी शासन के महत्त्व को पहचानते हुए कर्पूरी ठाकुर के दूसरे कार्यकाल में महत्त्वपूर्ण प्रशासनिक सुधार देखे गए। इन उपायों का उद्देश्य सरकारी प्रक्रियाओं को सुव्यवस्थित करना, नौकरशाही की लालफीताशाही को कम करना और सभी स्तरों पर जवाबदेही को बढ़ावा देना था।

सुशासन पर ठाकुर के जोर में सेवा वितरण में सुधार के लिए प्रौद्योगिकी का उपयोग, भ्रष्टाचार विरोधी उपायों का कार्यान्वयन और नागरिक-केंद्रित पहल की स्थापना शामिल थी। लक्ष्य एक संवेदनशील और जवाबदेह सरकार बनाना था, जो लोगों की जरूरतों और चिंताओं को प्रभावी ढंग से संबोधित करे।

निष्कषर्त: बिहार के मुख्यमंत्री के रूप में कर्पूरी ठाकुर का दूसरा कार्यकाल उन परिवर्तनकारी नीतियों की निरंतरता और विस्तार द्वारा चिह्नित किया गया था, जिन्होंने उनके पहले कार्यकाल को परिभाषित किया था। सामाजिक न्याय, आर्थिक विकास और सुशासन के प्रति उनकी अटूट प्रतिबद्धता ने राज्य पर एक अमिट छाप छोड़ी। इस अवधि के दौरान की गई उपलब्धियों और पहलों ने न केवल ठाकुर की विरासत को मजबूत किया, बल्कि बिहार की प्रगति और विकास में भी महत्त्वपूर्ण योगदान दिया। दूरदर्शिता, सहानुभूति और लोगों के कल्याण के प्रति गहरी प्रतिबद्धता से परिपूर्ण ठाकुर का नेतृत्व आने वाली पीढ़ियों के लिए प्रेरणा बना हुआ है।

□

9

कर्पूरी ठाकुर की नेतृत्व शैली

बिहार के मुख्यमंत्री के रूप में कर्पूरी ठाकुर का कार्यकाल चुनौतियों की एक श्रृंखला से चिह्नित था, जिसने न केवल उनके प्रशासनिक कौशल, बल्कि उनकी नेतृत्व शैली के लचीलेपन का भी परीक्षण किया। ठाकुर ने महत्त्वपूर्ण राजनीतिक उतार-चढ़ाव की अवधि के दौरान मुख्यमंत्री का पद सँभाला। आपातकाल के परिणाम ने भारतीय राजनीति में एक नए युग की नींव रखी; 1977 में जनता पार्टी सत्ता में आई। ठाकुर का बिहार में मुख्यमंत्री पद तक पहुँचना राज्य में बदलती राजनीतिक गतिशीलता का प्रतिबिंब था।

गठबंधन की राजनीति : गठबंधन बनाना

उस समय के राजनीतिक परिदृश्य की परिभाषित विशेषताओं में से एक गठबंधन राजनीति का उद्भव था। समाजवादी आंदोलनों की पृष्ठभूमि वाले ठाकुर गठबंधन-निर्माण की जटिलताओं से निपटने में माहिर थे। 1967 में संयुक्त विधायक दल के गठन में उनकी भूमिका गठबंधन बनाने और एक समान उद्देश्य के लिए वैचारिक रूप से विविध दलों को एक साथ लाने की उनकी क्षमता का प्रमाण थी।

हालाँकि, गठबंधन की राजनीति अपने साथ चुनौतियाँ लेकर आई। प्रतिस्पर्धी हितों को प्रबंधित करने, विविध विचारधाराओं में सामंजस्य स्थापित करने और गठबंधन के भीतर सामंजस्य बनाए रखने के लिए राजनीतिक

चालाकी की आवश्यकता थी। सर्वसम्मति-निर्माण और संवाद की विशेषता वाली ठाकुर की नेतृत्व शैली, गठबंधन शासन की जटिलताओं को सुलझाने में एक महत्त्वपूर्ण संपत्ति बन गई।

आर्थिक चुनौतियाँ : भूमि सुधार और कृषि परिवर्तन

अपनी कृषि प्रधान अर्थव्यवस्था वाले बिहार को गहरी आर्थिक चुनौतियों का सामना करना पड़ा। भूमि संकेंद्रण और शोषण की विशेषता वाली जमींदारी प्रथा प्रगति में एक बड़ी बाधा थी। समाजवादी सिद्धांतों से प्रेरित ठाकुर ने इन आर्थिक असमानताओं को दूर करने के लिए भूमि सुधार के महत्त्वाकांक्षी कार्य को शुरू किया।

जमींदारी उन्मूलन : सामाजिक और आर्थिक प्रभाव

जमींदारी प्रथा को खत्म करने के फैसले को प्रशंसा और विरोध दोनों का सामना करना पड़ा। निहित हितों से उत्पन्न चुनौतियों के बावजूद ठाकुर की नेतृत्व शैली इस उद्देश्य के प्रति उनकी अटूट प्रतिबद्धता में स्पष्ट हो गई। इस कदम का सामाजिक और आर्थिक प्रभाव गहरा था। हालाँकि, आर्थिक सुधारों को उन लोगों के विरोध का भी सामना करना पड़ा, जिन्होंने सदियों पुरानी संरचनाओं को नष्ट करने का विरोध किया था। इस विरोध से निपटने, सुधारों के दीर्घकालिक लाभों को संप्रेषित करने और चुनौतियों के बावजूद उन्हें लागू करने की ठाकुर की क्षमता ने विपरीत परिस्थितियों में भी उनके दृढ़ संकल्प और नेतृत्व को प्रदर्शित किया।

आरक्षण नीतियाँ : विवाद और सामाजिक समानता

सामाजिक न्याय के प्रति ठाकुर की प्रतिबद्धता को आरक्षण नीतियों की उनकी वकालत में अभिव्यक्ति मिली। आर्थिक रूप से पिछड़े वर्गों (ई.बी.सी.) के लिए आरक्षण के कार्यान्वयन को विवाद और विरोध का सामना करना पड़ा, खासकर उन लोगों से, जिनका मानना था कि यह सामाजिक रूप से हाशिए पर रहने वाले समूहों के लिए मिलने वाले लाभों को कम कर सकता है।

संतुलन अधिनियम : सभी के लिए समान अवसर

ठाकुर की नेतृत्व शैली की परीक्षा हुई, क्योंकि उन्होंने सामाजिक न्याय उपायों के संभावित कमजोर पड़ने के बारे में चिंताओं को संबोधित करते हुए आर्थिक रूप से वंचित वर्गों के लिए अवसर प्रदान करने के बीच नाजुक संतुलन बनाया। नीतियों के पीछे की मंशा को संप्रेषित करने, आलोचना की स्थिति में उनका बचाव करने और समता के सिद्धांतों को बरकरार रखते हुए संतुलन बनाए रखने की उनकी क्षमता ने शासन में उनके द्वारा लाए गए सूक्ष्म दृष्टिकोण को प्रदर्शित किया।

आंतरिक राजनीतिक चुनौतियाँ : गठबंधन तनाव

ठाकुर के मुख्यमंत्रित्व काल के दौरान बिहार में राजनीतिक परिदृश्य आंतरिक चुनौतियों से रहित नहीं था। गठबंधन सरकार के प्रबंधन के लिए प्रशासन की स्थिरता और कार्यक्षमता सुनिश्चित करने के लिए कुशल नेतृत्व की आवश्यकता होती है।

अंतर-पार्टी गतिशीलता

समाजवादी पार्टियों के गठबंधन, संयुक्त विधायक दल की अपनी अंतर-पार्टी गतिशीलता और सत्ता संघर्ष थे। ठाकुर की नेतृत्व शैली ने गठबंधन के भीतर एकता बनाए रखने, आंतरिक संघर्षों को संबोधित करने और यह सुनिश्चित करने में महत्त्वपूर्ण भूमिका निभाई कि सरकार वैचारिक मतभेदों के बावजूद प्रभावी ढंग से शासन कर सके।

आर्थिक नीतियाँ और आलोचनाएँ

ठाकुर की आर्थिक नीतियों, विशेषकर भूमि सुधारों को विभिन्न हलकों से आलोचना का सामना करना पड़ा। चुनौती न केवल इन नीतियों को लागू करने की थी, बल्कि जनता और राजनीतिक हितधारकों को उनके दीर्घकालिक लाभों के बारे में समझाने की भी थी। पारदर्शिता और संचार की विशेषता वाली

ठाकुर की नेतृत्व शैली असंतोष को प्रबंधित करने और आम सहमति बनाने में एक महत्त्वपूर्ण उपकरण बन गई।

सांस्कृतिक और सामाजिक चुनौतियाँ

आर्थिक रूप से पिछड़े वर्गों (ई.बी.सी.) के लिए आरक्षण के कार्यान्वयन से जुड़े विवाद के सांस्कृतिक और सामाजिक निहितार्थ थे। ठाकुर की नेतृत्व शैली की परीक्षा हुई, क्योंकि उन्होंने सामाजिक न्याय के सिद्धांतों के प्रति सच्चे रहते हुए इन जटिलताओं का सामना किया।

आरक्षण के सामाजिक निहितार्थ

ई.बी.सी. विवाद ने नीतिगत निर्णयों और सामाजिक गतिशीलता के बीच जटिल संबंध पर प्रकाश डाला। ठाकुर का नेतृत्व संवाद को बढ़ावा देने, चिंताओं को दूर करने और यह सुनिश्चित करने में सहायक था कि निर्णय लेने की प्रक्रिया में नीति के सामाजिक निहितार्थों पर विचार किया गया है।

प्रशासनिक चुनौतियाँ : 20-सूत्रीय कार्यक्रम को लागू करना

मुख्यमंत्री के रूप में ठाकुर का कार्यकाल 20-सूत्रीय सामाजिक-आर्थिक कार्यक्रम के महत्त्वाकांक्षी कार्यान्वयन द्वारा चिह्नित किया गया था। इस व्यापक नीति पहल में भूमि सुधार से लेकर रोजगार सृजन, शिक्षा और स्वास्थ्य देखभाल तक कई क्षेत्रों को शामिल किया गया।

प्रशासनिक क्षमता

ऐसे बहुआयामी कार्यक्रम को लागू करने के लिए प्रशासनिक क्षमता और रणनीतिक योजना की आवश्यकता होती है। ठाकुर की नेतृत्व शैली ने प्रभावी शासन पर जोर दिया और प्रशासनिक प्रक्रियाओं को सुव्यवस्थित करने की उनकी क्षमता ने कार्यक्रम के सफल कार्यान्वयन को सुनिश्चित किया। परिणामों और ठोस प्रभाव पर ध्यान ने शासन के प्रति उनके दृष्टिकोण को अलग कर दिया।

संकट प्रबंधन : विरोध और आलोचना से निपटना

ठाकुर की नेतृत्व शैली को संकट के क्षणों में सबसे कड़ी परीक्षा का सामना करना पड़ा, खासकर जब विरोध और आलोचना का सामना करना पड़ा। ई.बी.सी. आरक्षण नीति से जुड़े विवाद और आर्थिक सुधारों की आलोचनाओं के लिए एक ऐसे नेता की आवश्यकता थी, जो अशांत परिस्थितियों से निपटने में सक्षम हो।

संचार और संवाद

विरोध और आलोचना पर ठाकुर की प्रतिक्रिया खुले संचार और संवाद के प्रति प्रतिबद्धता की विशेषता थी। ऐसे समय में उनके भाषण और सार्वजनिक संबोधन न केवल उनकी राजनीतिक कुशलता को दरशाते हैं, बल्कि जनता से जुड़ने और अपने निर्णयों के पीछे के तर्क को स्पष्ट करने की उनकी क्षमता को भी दरशाते हैं।

चुनौतियों का सामना करने में लचीलापन

तूफानों का सामना करने और प्रतिकूल परिस्थितियों में संयम बनाए रखने की क्षमता प्रभावी नेतृत्व की पहचान है। संकट के समय में ठाकुर का लचीलापन, चाहे वह राजनीतिक विरोध हो या सार्वजनिक असंतोष, उनके सिद्धांतों के प्रति उनकी अटूट प्रतिबद्धता और सामाजिक न्याय की खोज में उनके लचीलेपन को दरशाता है।

नेतृत्व से सबक : स्थायी सिद्धांत

समाजवादी आदर्शों और सामाजिक न्याय के प्रति प्रतिबद्धता से आकार लेने वाली ठाकुर की नेतृत्व शैली, विविध सेटिंग्स में नेताओं के लिए स्थायी सबक प्रदान करती है। शासन और संकट प्रबंधन के प्रति उनके दृष्टिकोण से कुछ प्रमुख सिद्धांत उभरकर सामने आते हैं—

1. **समावेशी नेतृत्व :** ठाकुर का नेतृत्व स्वाभाविक रूप से समावेशी था, जो विविध विचारधाराओं को एक साथ लाने और समाज के सभी वर्गों

के हितों का प्रतिनिधित्व करने का प्रयास करता था। उस समय की गठबंधन राजनीति को एक ऐसे नेता की आवश्यकता थी, जो आम सहमति बनाने और सहयोग को बढ़ावा देने में सक्षम हो; और ठाकुर का समावेशी दृष्टिकोण प्रभावी शासन के लिए एक मॉडल बन गया।

2. **शासन के लिए एक उपकरण के रूप में संचार :** ठाकुर का संचार पर जोर, विशेषकर संकट के समय में, शासन में पारदर्शी और प्रभावी संचार के महत्त्व को रेखांकित करता है। नीतिगत निर्णयों के पीछे के तर्क को स्पष्ट करने, चिंताओं को दूर करने और संवाद के माध्यम से जनता का विश्वास बनाए रखने की उनकी क्षमता नेतृत्व में एक मूल्यवान् सबक बनी हुई है।

3. **विरोध के बीच सिद्धांतों के प्रति प्रतिबद्धता :** ठाकुर की नेतृत्व शैली की विशेषता कड़े विरोध के बावजूद भी अपने सिद्धांतों के प्रति दृढ़ प्रतिबद्धता थी। नेताओं को अकसर ऐसी स्थितियों का सामना करना पड़ता है, जहाँ सिद्धांतों के पालन का परीक्षण किया जाता है और सामाजिक न्याय सिद्धांतों के प्रति ठाकुर की अटूट प्रतिबद्धता नैतिक दुविधाओं से निपटने वालों के लिए एक मार्गदर्शक प्रकाश प्रदान करती है।

4. **सामाजिक न्याय के लिए सूक्ष्म दृष्टिकोण :** ई.बी.सी. आरक्षण नीति से जुड़े विवाद ने सामाजिक न्याय के लिए एक सूक्ष्म दृष्टिकोण की आवश्यकता पर प्रकाश डाला। समाज के विभिन्न वर्गों के हितों को संतुलित करने, नीति कमजोर पड़ने के बारे में चिंताओं को दूर करने और न्यायसंगत अवसरों के प्रति प्रतिबद्धता बनाए रखने की ठाकुर की क्षमता सामाजिक न्याय उपायों को लागू करने की जटिलता का उदाहरण है।

नेतृत्व की विरासत : चुनौतियों से परे

बिहार के राजनीतिक परिदृश्य की कसौटी पर परखी गई कर्पूरी ठाकुर की नेतृत्व शैली ने राज्य के शासन और सामाजिक न्याय के व्यापक विमर्श पर

एक अमिट छाप छोड़ी। उनकी विरासत उनके सामने आने वाली चुनौतियों से कहीं आगे तक फैली हुई है, जो गठबंधन की राजनीति, आर्थिक सुधारों और सामाजिक न्याय पहल की जटिलताओं को सुलझाने वाले नेताओं के लिए एक टेंपलेट पेश करती है।

मुख्यमंत्री के रूप में अपने कार्यकाल के कई वर्षों बाद भी ठाकुर को जो स्थायी सम्मान और प्रशंसा प्राप्त है, वह उनकी नेतृत्व शैली के स्थायी प्रभाव को दरशाता है। 'जननायक' शीर्षक केवल प्रतीकात्मक नहीं है; यह उनके सैद्धांतिक नेतृत्व के माध्यम से लोगों के साथ बनाए गए उनके वास्तविक संबंध को दरशाता है।

ठाकुर की नेतृत्व शैली बिहार के राजनीतिक परिदृश्य की कहानियों को आकार देती रहती है। सामाजिक न्याय, समावेशी शासन और चुनौतियों के सामने लचीलेपन के सिद्धांत राज्य की राजनीतिक चेतना की सामूहिक स्मृति में अंतर्निहित हैं। भविष्य के नेता अकसर खुद को बिहार के 'जननायक' द्वारा निर्धारित पैमाने पर मापा हुआ पाते हैं।

□

10

आर्थिक सुधार : बिहार के विकास
पर कर्पूरी का प्रभाव

बिहार के मुख्यमंत्री के रूप में कर्पूरी ठाकुर का कार्यकाल राज्य के आर्थिक परिदृश्य के लिए एक परिवर्तनकारी काल था। कृषि सुधारों से लेकर रोजगार सृजन और आर्थिक सशक्तीकरण तक ठाकुर की दृष्टि का उद्देश्य अधिक न्यायसंगत और समृद्ध बिहार बनाना था।

सामंतवाद की जंजीरों को तोड़ना

ठाकुर द्वारा समर्थित आधारशिला आर्थिक सुधारों में से एक जमींदारी प्रणाली का उन्मूलन था। इस सामंती भू-स्वामित्व संरचना, जिसकी विशेषता कुछ लोगों के हाथों में भूमि का संकेंद्रण थी, ने आर्थिक असमानताओं और शोषण को कायम रखा था।

सामाजिक-आर्थिक क्रांति

सामाजिक न्याय के प्रति ठाकुर की प्रतिबद्धता को जमींदारी व्यवस्था को खत्म करने के साहसिक निर्णय में अभिव्यक्ति मिली। भूमि सुधारों का कार्यान्वयन एक सामाजिक-आर्थिक क्रांति थी, जिसका उद्देश्य भूमिहीनों को भूमि का पुनर्वितरण करना और अधिक न्यायसंगत कृषि संरचना बनाना था।

भूमि सुधारों का आर्थिक प्रभाव दोहरा था। सबसे पहले इसने ऐतिहासिक रूप से हाशिए पर रहने वाले लोगों को आर्थिक मदद प्रदान की, उन्हें आजीविका उत्पन्न करने के साधनों के साथ सशक्त बनाया। दूसरा, इसने सदियों पुरानी आर्थिक संरचनाओं से प्रस्थान, सामंती प्रभुत्व की जंजीरों को तोड़ने और आर्थिक स्वतंत्रता को बढ़ावा दिया।

हाशिए पर पड़े लोगों को सशक्त बनाना

ठाकुर की सरकार सक्रिय रूप से भूमि के पुनर्वितरण में लगी हुई थी, यह सुनिश्चित करते हुए कि यह उन लोगों तक पहुँचे, जिन्हें ऐतिहासिक रूप से इस महत्त्वपूर्ण आर्थिक संसाधन तक पहुँच से वंचित कर दिया गया था। इसका प्रभाव न केवल व्यक्तिगत स्तर पर, बल्कि अधिक समतामूलक ग्रामीण समाज के निर्माण में भी महसूस किया गया।

आर्थिक विकास को उत्प्रेरित करना

रोजगार सृजन और आर्थिक विकास के बीच आंतरिक संबंध को पहचानते हुए ठाकुर की नीतियों ने नौकरियों और आजीविका के अवसर पैदा करने के उद्देश्य से पहल को प्राथमिकता दी।

ग्रामीण रोजगार योजनाएँ

ठाकुर की सरकार ने ग्रामीण क्षेत्रों में बेरोजगारी और अल्परोजगार की समस्या के समाधान के लिए ग्रामीण रोजगार योजनाएँ लागू कीं। इन योजनाओं ने बुनियादी ढाँचे के विकास पर ध्यान केंद्रित किया, उन परियोजनाओं पर जोर दिया, जो एक महत्त्वपूर्ण श्रम शक्ति को अवशोषित कर सकती थीं। ग्रामीण बुनियादी ढाँचे में रणनीतिक निवेश ने न केवल रोजगार पैदा किया, बल्कि ग्रामीण बिहार के समग्र विकास में भी योगदान दिया।

स्व-रोजगार के माध्यम से आर्थिक सशक्तीकरण

ठाकुर का दृष्टिकोण पारंपरिक रोजगार योजनाओं से परे था। उन्होंने आर्थिक सशक्तीकरण के साधन के रूप में स्वरोजगार के महत्त्व पर जोर

दिया। आत्मनिर्भरता और आर्थिक स्वायत्तता की संस्कृति बनाने के लिए उद्यमशीलता, लघु उद्योगों और कृषि उद्यमों का समर्थन करने वाली पहल शुरू की गई।

ठाकुर ने शिक्षा को आर्थिक प्रगति के लिए एक शक्तिशाली उत्प्रेरक के रूप में मान्यता दी। उनके आर्थिक सुधारों में बिहार में शिक्षा के बुनियादी ढाँचे में सुधार पर ध्यान केंद्रित करना शामिल था, इस समझ के साथ कि निरंतर आर्थिक विकास के लिए शिक्षित आबादी आवश्यक है।

आर्थिक सुधारों के हिस्से के रूप में ठाकुर की सरकार ने प्राथमिक शिक्षा को प्राथमिकता दी। राज्य के युवाओं के लिए एक मजबूत शैक्षिक आधार बनाने पर ध्यान केंद्रित करते हुए प्राथमिक शिक्षा की गुणवत्ता बढ़ाने के लिए निवेश किया गया। इस रणनीतिक कदम का उद्देश्य तेजी से विकसित हो रही अर्थव्यवस्था की चुनौतियों और अवसरों के लिए कार्यबल को तैयार करना था।

स्कूल छोड़ने की दर को कम करने पर ठाकुर का जोर आर्थिक रूप से जीवंत बिहार के उनके दृष्टिकोण का अभिन्न अंग था। बच्चों को स्कूल में बनाए रखने और स्कूल छोड़ने की दर को कम करने के उपायों को लागू करके उन्होंने राज्य की आर्थिक वृद्धि में योगदान देने में सक्षम कुशल और शिक्षित कार्यबल का निर्माण सुनिश्चित किया।

आर्थिक नीतियाँ और चुनौतियाँ

ठाकुर की आर्थिक नीतियों को परिवर्तनकारी सुधारों को लागू करने की जटिलताओं को दरशाते हुए चुनौतियों और आलोचनाओं का सामना करना पड़ा। जमींदारी प्रथा के उन्मूलन को, हालाँकि इसके सामाजिक-आर्थिक प्रभाव के लिए सराहा जाता है, लेकिन इसे स्थापित हितों के विरोध का सामना करना पड़ा। आलोचकों ने तर्क दिया कि इसने स्पष्ट विकल्प पेश किए बिना पारंपरिक संरचनाओं को बाधित किया।

आलोचनाएँ और विरोध

आर्थिक सुधारों, विशेष रूप से भूमि पुनर्वितरण को उन लोगों के विरोध का सामना करना पड़ा, जिन्होंने सदियों पुरानी संरचनाओं को नष्ट करने का विरोध किया था। ठाकुर की नेतृत्व शैली इन चुनौतियों से निपटने, सुधारों के दीर्घकालिक लाभों को संप्रेषित करने तथा राजनीतिक और सामाजिक प्रतिकूलताओं के बावजूद उनके सफल कार्यान्वयन को सुनिश्चित करने में महत्त्वपूर्ण थी।

सामाजिक न्याय और आर्थिक विकास को संतुलित करना

एक प्रमुख चुनौती सामाजिक न्याय के उद्देश्यों और आर्थिक विकास को बढ़ावा देने के बीच संतुलन बनाना था। ठाकुर के सूक्ष्म दृष्टिकोण का उद्देश्य बिहार में व्याप्त आर्थिक असमानताओं को दूर करना और यह सुनिश्चित करना था कि विकास के लाभ समाज के सभी वर्गों तक पहुँचें। आर्थिक नीतियों ने समावेशी विकास के प्रति प्रतिबद्धता को प्रतिबिंबित किया, जिसमें जाति, वर्ग और आर्थिक स्थिति के अंतरविभाजक कारकों पर विचार किया गया।

आर्थिक प्रभाव : क्रांतिकारी परिवर्तन

ठाकुर के आर्थिक सुधारों का बिहार के आर्थिक परिदृश्य पर क्रांतिकारी प्रभाव पड़ा। एक समय सामंती संरचनाओं और आर्थिक विषमताओं के बोझ से दबे इस राज्य में ऐसे बदलाव आए, जिन्होंने भविष्य के विकास की नींव रखी।

एक नए कृषक वर्ग का उदय

जमींदारी प्रथा के उन्मूलन और भूमि पुनर्वितरण ने एक नए कृषि वर्ग के उदय की शुरुआत की। जो लोग ऐतिहासिक रूप से मताधिकार से वंचित थे, वे जमींदार बन गए और उन्होंने अधिक न्यायसंगत तथा आर्थिक रूप से जीवंत ग्रामीण समाज के निर्माण में योगदान दिया।

जमीनी स्तर पर आर्थिक सशक्तीकरण

स्वरोजगार और उद्यमिता पर ठाकुर का जोर जमीनी स्तर पर गूँजा। लघु उद्योगों को प्रोत्साहन और स्थानीय व्यवसायों को समर्थन देने वाली पहलों ने सामुदायिक स्तर पर आर्थिक सशक्तीकरण में योगदान दिया। इस आर्थिक विकेंद्रीकरण ने सतत और समावेशी विकास की नींव रखी।

आर्थिक उत्प्रेरक के रूप में शिक्षा पर ध्यान देने का फल मिला, क्योंकि बिहार में शिक्षा संकेतकों में सुधार देखा गया। स्कूल छोड़ने की दर में कमी, प्राथमिक शिक्षा में वृद्धि और कुशल कार्यबल के निर्माण ने राज्य को लंबी अवधि में आर्थिक प्रगति के लिए तैयार किया।

आर्थिक सुधारों की विरासत : बिहार के विकास पथ को आकार देना

ठाकुर द्वारा शुरू किए गए आर्थिक सुधारों ने एक स्थायी विरासत छोड़ी, जिसने आने वाले वर्षों के लिए बिहार के विकास पथ को आकार दिया। जमींदारी प्रथा के उन्मूलन, भूमि पुनर्वितरण तथा रोजगार और शिक्षा की पहल से आए सामाजिक-आर्थिक परिवर्तन बिहार की प्रगति के लिए मूलभूत स्तंभ बन गए।

ठाकुर के आर्थिक सुधार केवल नीतिगत पहल नहीं थे; वे सामाजिक-आर्थिक समानता की विरासत बन गए। सामंती संरचनाओं के निराकरण, आर्थिक अवसरों का निर्माण और समावेशी विकास पर ध्यान केंद्रित करने से बाद के प्रशासनों के लिए समाज के सभी वर्गों के कल्याण को प्राथमिकता देने का मार्ग प्रशस्त हुआ।

ठाकुर की आर्थिक नीतियों ने बिहार में भविष्य की विकास पहल के लिए उत्प्रेरक के रूप में काम किया। बाद की सरकारों ने ठाकुर द्वारा रखी गई नींव पर निर्माण किया, उनकी आर्थिक दृष्टि के तत्त्वों को अपने नीति ढाँचे में शामिल किया। भूमि सुधार, रोजगार सृजन और शिक्षा पर ध्यान बिहार के विकासात्मक एजेंडे के प्रमुख स्तंभ बने रहे।

चुनौतियाँ और विवाद : एक संतुलित परिप्रेक्ष्य

जबकि ठाकुर के आर्थिक सुधारों को उनके परिवर्तनकारी प्रभाव के लिए सराहा गया था, वे चुनौतियों और विवादों से रहित नहीं थे। आलोचनाओं और विरोध ने गहरी जड़ें जमा चुकी सामाजिक-आर्थिक संरचनाओं में बदलावों को लागू करने की जटिलताओं को प्रतिबिंबित किया। हालाँकि, इन चुनौतियों से निपटने की ठाकुर की क्षमता ने उनके नेतृत्व के लचीलेपन और दीर्घकालिक लक्ष्यों के प्रति प्रतिबद्धता को प्रदर्शित किया। इस प्रकार कृषि सुधारों से लेकर रोजगार सृजन और शैक्षिक सशक्तीकरण तक ठाकुर के दृष्टिकोण ने अधिक न्यायसंगत और समृद्ध बिहार के लिए आधारशिला रखी।

□

11

कर्पूरी की राजनीतिक रणनीतियाँ

क र्पूरी ठाकुर की राजनीतिक यात्रा चतुर कूटनीतियों, कुशल रणनीतियों और राजनीतिक परिदृश्य की गहरी समझ से चिह्नित थी। राजनीति के जटिल जाल को पार करने की ठाकुर की क्षमता ने एक अनुभवी राजनेता और बिहार के 'जननायक' के रूप में उनकी विरासत में योगदान दिया।

सर्वहारा वर्ग की आवाज

ठाकुर की सर्वहारा वर्ग की वकालत नीतिगत निर्णयों तक ही सीमित नहीं थी; इसे उनके भाषणों, सार्वजनिक संबोधनों और जनता के साथ बातचीत में अभिव्यक्ति मिली। हाशिए पर मौजूद लोगों के संघर्षों को मुखर करने, उनके मुद्दों की वकालत करने और उनके अधिकारों के लिए रैली करने की उनकी क्षमता ने उन्हें लोगों के लिए एक सच्ची आवाज के रूप में स्थापित किया।

ठाकुर के भाषण वकालत के शक्तिशाली उपकरण थे, आम आदमी के साथ गूँजते थे और हाशिए पर मौजूद लोगों की आकांक्षाओं और चुनौतियों को व्यक्त करते थे। उनकी वक्तृत्व कला सिर्फ एक राजनीतिक संपत्ति नहीं थी; वे उन आवाजों को बढ़ाने का एक साधन थीं, जो अकसर अनसुनी रह जाती थीं।

ठाकुर की वकालत का एक महत्त्वपूर्ण तत्त्व जनता तक उनकी पहुँच थी। वह लोगों से सीधे जुड़े रहे, उनकी चिंताओं को समझा और यह सुनिश्चित किया कि उनकी आवाज सत्ता के गलियारों में सुनी जाए। ठाकुर की पहुँच

ने उन्हें एक ऐसा नेता बनाया, जो न केवल हाशिए पर मौजूद लोगों के लिए बोलता था, बल्कि उनसे बात भी करता था।

हाशिए पर पड़े लोगों की आवाज के रूप में ठाकुर की विरासत बिहार की सामूहिक स्मृति में कायम है। 'जननायक' की उपाधि हलके ढंग से नहीं दी गई थी; यह लोगों के अधिकारों और कल्याण के लिए वर्षों की अटूट वकालत के माध्यम से अर्जित की गई थी।

ठाकुर की सर्वहारा वकालत ने बिहार के राजनीतिक विमर्श पर अमिट छाप छोड़ी। सामाजिक न्याय, आर्थिक सशक्तीकरण और समावेशी शासन के सिद्धांत राज्य की राजनीतिक कथा के अभिन्न अंग बन गए। उनकी वकालत ने भविष्य के नेताओं की अपेक्षाओं और आकांक्षाओं को आकार दिया, जिससे बिहार में शासन के ढाँचे पर असर पड़ा।

ठाकुर की वकालत नीतिगत निर्णयों से परे थी; इसमें हाशिए पर पड़े लोगों को सशक्त बनाने के लिए एक समग्र दृष्टिकोण शामिल किया गया। आर्थिक सुधारों से लेकर शिक्षा और आरक्षण नीतियों तक उनकी वकालत हाशिए पर रहने वाले समुदायों के सामने आने वाली प्रणालीगत चुनौतियों का समाधान करने का एक व्यापक प्रयास था।

प्रारंभिक राजनीतिक शतरंज की बिसात

सत्ता के गलियारों तक ठाकुर की यात्रा बिहार के गतिशील राजनीतिक परिदृश्य की पृष्ठभूमि में शुरू हुई। 1960 के दशक में समाजवादी आंदोलनों का उदय हुआ और राम मनोहर लोहिया जैसे नेताओं से गहराई से प्रभावित ठाकुर समाजवादी विचारधारा के भीतर एक प्रमुख व्यक्ति बन गए।

उस समय के राजनीतिक माहौल की विशेषता थी—सामाजिक न्याय, भूमि सुधार और हाशिए पर पड़े लोगों के सशक्तीकरण की वकालत करने वाले समाजवादी आंदोलनों का उदय। इन आंदोलनों में ठाकुर की सक्रिय भागीदारी ने उनकी राजनीतिक पहचान को आकार दिया और उनकी भविष्य की रणनीतियों के लिए आधार तैयार किया।

जमीनी स्तर पर जुड़ाव

मुख्यधारा की राजनीति में ठाकुर का प्रवेश जमीनी स्तर पर जुड़ाव द्वारा चिह्नित किया गया था। वे आम आदमी की आवाज बन गए, हाशिए पर मौजूद लोगों के हितों की वकालत की और लोगों के सामने आने वाली सामाजिक-आर्थिक चुनौतियों को मुखरता से उठाया। यह जमीनी जुड़ाव बाद में उनकी राजनीतिक रणनीतियों की आधारशिला बन गया, जिससे यह सुनिश्चित हुआ कि वे जनता की चिंताओं से जुड़े रहें।

परिवर्तन के लिए गठबंधन बनाना

गठबंधन की राजनीति में ठाकुर का प्रवेश एक रणनीतिक कदम था, जिसने एक सामान्य उद्देश्य के लिए गठबंधन बनाने की उनकी क्षमता को प्रदर्शित किया। वर्ष 1967 में संयुक्त विधायक दल के गठन ने बिहार के राजनीतिक इतिहास में एक महत्त्वपूर्ण अध्याय दर्ज किया और गठबंधन बनाने के लिए ठाकुर की क्षमता को दरशाया।

संयुक्त विधायक दल, जिसमें विभिन्न समाजवादी दल शामिल थे, तत्कालीन राजनीतिक व्यवस्था के खिलाफ एक संयुक्त मोर्चा था। वैचारिक रूप से विविध दलों को एक साथ लाने में ठाकुर की भूमिका ने सहयोग को बढ़ावा देने और एक दुर्जेय राजनीतिक ताकत बनाने में उनके कौशल का प्रदर्शन किया।

संयुक्त विधायक दल युग के दौरान गठबंधन शासन में ठाकुर के अनुभव ने उन्हें अपने कॅरियर में बाद में गठबंधन सरकार का नेतृत्व करने की चुनौतियों के लिए तैयार किया। गठबंधन के भीतर विचारधाराओं और हितों की विविधता को पार करने के लिए राजनीतिक कौशल और आम सहमति बनाने के कौशल की आवश्यकता थी, जो दोनों ठाकुर की राजनीतिक रणनीतियों का अभिन्न अंग बन गए।

शासन के लिए रणनीतियाँ

वर्ष 1977 में ठाकुर का मुख्यमंत्री पद पर आसीन होना उनके

राजनीतिक जीवन में एक महत्त्वपूर्ण मोड़ था। शासन के लिए उनकी रणनीतियाँ सामाजिक न्याय, आर्थिक सुधार और समावेशी विकास के प्रति प्रतिबद्धता दरशाती हैं।

भूमि सुधार : एक साहसिक कदम

जमींदारी प्रथा के उन्मूलन सहित भूमि सुधारों का कार्यान्वयन एक साहसिक और परिवर्तनकारी कदम था। ठाकुर की रणनीति केवल आर्थिक असमानताओं को संबोधित करने की नहीं थी, बल्कि सामाजिक अन्याय को कायम रखने वाली सदियों पुरानी संरचनाओं को ध्वस्त करने की थी। इस कदम को समर्थन और विरोध दोनों मिला, जिससे ऐसी परिवर्तनकारी नीतियों में निहित राजनीतिक जोखिमों का प्रदर्शन हुआ।

रोजगार सृजन : रणनीतिक ग्रामीण पहल

ठाकुर का रोजगार सृजन पर जोर, विशेष रूप से ग्रामीण योजनाओं के माध्यम से, बेरोजगारी और अल्परोजगार के मुद्दे को संबोधित करने के लिए एक रणनीतिक कदम था। बुनियादी ढाँचे के विकास पर ध्यान देने से न केवल नौकरियाँ पैदा हुईं, बल्कि ग्रामीण बिहार के समग्र विकास में भी योगदान मिला। यह रणनीति हाशिए पर पड़े लोगों को आर्थिक अवसर प्रदान करके उन्हें सशक्त बनाने के ठाकुर के दृष्टिकोण के अनुरूप है।

गठबंधन की चुनौतियों का सामना

गठबंधन सरकार का नेतृत्व करना अपनी चुनौतियों के साथ आता है और ठाकुर का कार्यकाल इसका कोई अपवाद नहीं था। गठबंधन की गतिशीलता की जटिलताओं को स्थिरता और प्रभावी शासन सुनिश्चित करने के लिए रणनीतिक राजनीतिक पैंतरेबाजी की आवश्यकता थी।

संयुक्त विधायक दल को पार्टी के अंदर कई चुनौतियों का सामना करना पड़ा और गठबंधन के भीतर एकता बनाए रखने में ठाकुर की भूमिका महत्त्वपूर्ण थी। उनकी रणनीति में आंतरिक संघर्षों को संबोधित

करना, शक्ति की गतिशीलता का प्रबंधन करना और यह सुनिश्चित करना शामिल था कि सरकार वैचारिक मतभेदों के बावजूद एकजुट होकर कार्य कर सके।

आर्थिक सुधार : आलोचनाओं का प्रबंधन

ठाकुर के आर्थिक सुधारों, विशेषकर जमींदारी प्रथा के उन्मूलन को आलोचनाओं और विरोध का सामना करना पड़ा। इन आलोचनाओं के प्रबंधन में एक रणनीतिक संचार दृष्टिकोण शामिल था, जहाँ ठाकुर ने सुधारों के दीर्घकालिक लाभों का बचाव किया और पारदर्शी संचार के माध्यम से सार्वजनिक समर्थन बनाए रखा।

आरक्षण नीतियों का कार्यान्वयन, जबकि सामाजिक न्याय के लिए महत्त्वपूर्ण है, एक नाजुक संतुलन की आवश्यकता है। ठाकुर की रणनीति में जातिगत गतिशीलता की जटिलताओं को दूर करना, सामाजिक न्याय उपायों के संभावित कमजोर पड़ने के बारे में चिंताओं को संबोधित करना और यह सुनिश्चित करना शामिल था कि नीतियों को इस तरह से लागू किया गया था कि समानता के सिद्धांतों को बरकरार रखा जाए।

संकट प्रबंधन : एक लचीला दृष्टिकोण

संकट के क्षणों में ठाकुर की राजनीतिक रणनीतियों की परीक्षा हुई। चाहे विरोध, आलोचना या विवादों का सामना करना पड़े, उनके लचीले दृष्टिकोण ने तूफानों का सामना करने और विपरीत परिस्थितियों में संयम बनाए रखने की उनकी क्षमता को प्रदर्शित किया।

संकट के समय ठाकुर की संचार रणनीति उल्लेखनीय थी। उनके भाषण और सार्वजनिक संबोधन सिर्फ नीतियों का बचाव करने का साधन नहीं थे, बल्कि संकट प्रबंधन के लिए रणनीतिक उपकरण थे। अपने निर्णयों के पीछे के तर्कों को प्रभावी ढंग से संप्रेषित करके, चिंताओं को संबोधित करके और पारदर्शिता बनाए रखते हुए ठाकुर ने लचीलेपन के साथ अशांत अवरोधों का सामना किया।

विरोध के बावजूद लचीलापन बनाए रखने की क्षमता ठाकुर की राजनीतिक रणनीतियों की पहचान थी। चाहे वह ई.बी.सी. आरक्षण नीति से जुड़ा विवाद हो या आर्थिक सुधारों की आलोचना, ठाकुर की अपने सिद्धांतों के प्रति दृढ़ प्रतिबद्धता और सामाजिक न्याय लक्ष्यों को आगे बढ़ाने में लचीलेपन ने उनकी नेतृत्व शैली को परिभाषित किया।

राजनीतिक रणनीतियों की विरासत

ठाकुर की राजनीतिक रणनीतियों ने एक स्थायी विरासत छोड़ी, जिसने बिहार के राजनीतिक परिदृश्य को आकार दिया। सामाजिक न्याय, समावेशी शासन और रणनीतिक आर्थिक सुधारों के प्रति उनकी प्रतिबद्धता भविष्य के नेताओं के लिए मानक बन गई।

गठबंधन की राजनीति, शासन और संकट प्रबंधन में ठाकुर की रणनीतियाँ बिहार की राजनीतिक कथाओं को आकार देने का अभिन्न अंग बन गईं। ठाकुर द्वारा स्थापित सामाजिक न्याय और समावेशी विकास के सिद्धांत लोगों की आकांक्षाओं और अपेक्षाओं को प्रभावित करते रहे।

ठाकुर की राजनीतिक रणनीतियों के लिए स्थायी सम्मान और प्रशंसा उनके अनुसरण करने वाले नेताओं पर अपना प्रभाव दिखाती है। भविष्य के राजनेता अकसर खुद को बिहार के 'जननायक' द्वारा निर्धारित मानकों के अनुरूप पाते हैं, उनकी रणनीतियाँ प्रभावी शासन के लिए एक मार्गदर्शक के रूप में काम करती हैं।

□

12

संकट प्रबंधन : अशांत समय में
कर्पूरी ठाकुर का नेतृत्व

बिहार के मुख्यमंत्री के रूप में कर्पूरी ठाकुर का कार्यकाल उथल-पुथल, चुनौतियों और संकटों से भरा रहा। ठाकुर के कार्यकाल के दौरान सबसे चुनौतीपूर्ण प्रकरणों में से एक आर्थिक रूप से पिछड़े वर्गों (ई.बी.सी.) के लिए आरक्षण के कार्यान्वयन से जुड़ा विवाद था। इस संकट ने ठाकुर की जटिल जातिगत गतिशीलता से निपटने, राजनीतिक विरोध का प्रबंधन करने और सामाजिक न्याय के सिद्धांतों को बनाए रखने की क्षमता का परीक्षण किया।

ई.बी.सी. आरक्षण का परिचय

ठाकुर की सरकार ने विभिन्न समुदायों के बीच आर्थिक असमानताओं को दूर करने के उद्देश्य से ई.बी.सी. के लिए आरक्षण की अवधारणा पेश की; जबकि इरादा उन लोगों के लिए अवसर प्रदान करना था, जो आर्थिक रूप से हाशिए पर थे, इस नीति को विभिन्न क्षेत्रों से महत्त्वपूर्ण विरोध का सामना करना पड़ा।

आलोचनाएँ और विवाद

ई.बी.सी. आरक्षण नीति को आलोचनाओं और विवादों का सामना करना

पड़ा। कुछ लोगों ने तर्क दिया कि यह पारंपरिक रूप से हाशिए पर रहने वाले समूहों को मिलने वाले लाभों को कम कर सकता है, जबकि अन्य ने ठाकुर पर विभाजनकारी राजनीति करने का आरोप लगाया। इस विवाद ने बिहार में जाति-आधारित राजनीति की जटिलताओं और समावेशी विकास के उद्देश्य वाली नीतियों को लागू करने की चुनौतियों को सामने ला दिया।

ठाकुर का संकट प्रबंधन दृष्टिकोण : संचार और आम सहमति

ई.बी.सी. आरक्षण विवाद पर ठाकुर की प्रतिक्रिया ने उनके संकट प्रबंधन दृष्टिकोण को प्रदर्शित किया। उनकी रणनीति के केंद्र में प्रभावी संचार और आम सहमति बनाने की प्रतिबद्धता थी।

पारदर्शी संचार

आलोचनाओं और गलतफहमियों का सामना करते हुए ठाकुर ने एक पारदर्शी संचार रणनीति अपनाई। उन्होंने ई.बी.सी. आरक्षण नीति के पीछे के तर्क को समझाते हुए और सामाजिक न्याय के व्यापक सिद्धांतों के साथ इसके संरेखण पर जोर देते हुए जनता को सीधे संबोधित किया। इस अवधि के दौरान ठाकुर के भाषण केवल इस नीति का बचाव नहीं थे; वे लोगों से जुड़ने और उनका विश्वास बनाए रखने का एक साधन भी थे।

आम सहमति बनाने के प्रयास

सर्वसम्मति की आवश्यकता को पहचानते हुए ठाकुर विभिन्न हितधारकों के साथ बातचीत में लगे रहे। उन्होंने नीति के उद्देश्यों की आम समझ बनाने के लिए राजनेताओं, सामुदायिक प्रतिनिधियों और बुद्धिजीवियों के साथ चर्चा की। संकट के बीच में विभाजन को पाटने और आम सहमति हासिल करने की ठाकुर की क्षमता समावेशी शासन के प्रति उनकी प्रतिबद्धता को दरशाती है।

आर्थिक सुधार और विरोध : आलोचनाओं का समाधान

ठाकुर के आर्थिक सुधारों, विशेषकर जमींदारी प्रथा के उन्मूलन को

निहित स्वार्थों के कड़े विरोध का सामना करना पड़ा। इस अवधि के दौरान तैनात की गई संकट प्रबंधन रणनीतियों ने परिवर्तनकारी नीतियों को आगे बढ़ाने के लिए ठाकुर के लचीलेपन और दृढ़ संकल्प को उजागर किया।

स्थापित हितों का विरोध

जमींदारी प्रथा के उन्मूलन ने सदियों पुरानी आर्थिक संरचनाओं को बाधित कर दिया, जिससे उन लोगों के हितों को चुनौती मिली, जिनके पास ऐतिहासिक रूप से सत्ता थी। ठाकुर को उग्र विरोध का सामना करना पड़ा। आलोचकों का तर्क था कि सुधार बहुत कट्टरपंथी थे और इससे आर्थिक अस्थिरता पैदा होगी।

आलोचनाओं का सामना करने में लचीलापन

विपक्ष के प्रति ठाकुर की प्रतिक्रिया ने उनके लचीलेपन और उनके सिद्धांतों के प्रति दृढ़ प्रतिबद्धता को प्रदर्शित किया। उन्होंने आर्थिक सुधारों के दीर्घकालिक लाभों को दोहराया, एक अधिक न्यायसंगत समाज के निर्माण और हाशिए पर मौजूद लोगों के लिए आर्थिक सशक्तीकरण पर जोर दिया। सामाजिक न्याय के मूल उद्देश्यों से समझौता किए बिना आलोचनाओं का सामना करने की ठाकुर की क्षमता ने अशांत समय के दौरान उनकी नेतृत्व शैली को चिह्नित किया।

कानून और व्यवस्था की चुनौतियाँ : सुरक्षा और शासन को संतुलित करना

भारत के कई राज्यों की तरह, बिहार भी ठाकुर के कार्यकाल के दौरान कानून और व्यवस्था की चुनौतियों से जूझ रहा था। सार्वजनिक सुरक्षा और शासन के मुद्दों से निपटने में उनकी संकट प्रबंधन रणनीतियाँ सुरक्षा बनाए रखने और लोकतांत्रिक मूल्यों को बनाए रखने के बीच एक नाजुक संतुलन को दरशाती हैं।

नक्सलवाद और अराजकता

ठाकुर के कार्यकाल में कुछ क्षेत्रों में नक्सलवाद और अराजकता से संबंधित चुनौतियाँ देखी गईं। इन मुद्दों को संबोधित करने की जटिलताओं के लिए एक सूक्ष्म दृष्टिकोण की आवश्यकता थी, जो लोकतांत्रिक शासन के प्रति प्रतिबद्धता के साथ सुरक्षा की आवश्यकता को संतुलित करे।

निर्णायक काररवाई और पुनर्वास

ठाकुर के संकट प्रबंधन दृष्टिकोण में कानून और व्यवस्था को खतरे में डालने वाले तत्त्वों के खिलाफ निर्णायक काररवाई शामिल थी। इसके साथ ही उन्होंने प्रभावित क्षेत्रों में पुनर्वास और विकास पहल पर जोर दिया। ठाकुर की रणनीतियों ने कानून और व्यवस्था की चुनौतियों में योगदान देने वाले सामाजिक-आर्थिक कारकों की व्यापक समझ का प्रदर्शन करते हुए अशांति के मूल कारणों को संबोधित करने की कोशिश की।

प्राकृतिक आपदाएँ

प्राकृतिक आपदाओं से ग्रस्त होने के कारण बिहार को ठाकुर के मुख्यमंत्रित्व काल में कई आपदाओं का सामना करना पड़ा। बाढ़ और अन्य प्राकृतिक आपदाओं के दौरान उनकी संकट प्रबंधन रणनीतियों ने दयालु और सक्रिय दृष्टिकोण का प्रदर्शन किया।

बाढ़ प्रबंधन एवं राहत

बिहार में बाढ़ एक बार-बार आने वाली चुनौती थी, जिसके लिए तत्काल और प्रभावी प्रतिक्रिया की आवश्यकता थी। ठाकुर के संकट प्रबंधन में न केवल प्रभावितों को राहत प्रदान करना, बल्कि बाढ़ प्रबंधन के लिए सक्रिय उपाय भी शामिल थे। उनके प्रशासन ने दीर्घकालिक समाधानों के प्रति प्रतिबद्धता दिखाते हुए बाढ़ के प्रभाव को कम करने वाले बुनियादी ढाँचे के निर्माण की दिशा में काम किया।

समन्वित राहत प्रयास

ठाकुर ने प्राकृतिक आपदाओं के दौरान विभिन्न सरकारी एजेंसियों, गैर-सरकारी संगठनों और सामुदायिक संगठनों को शामिल करते हुए समन्वित राहत प्रयासों पर जोर दिया। यह दृष्टिकोण संकटों को प्रभावी ढंग से प्रबंधित करने में सहयोगात्मक प्रयासों के महत्त्व की मान्यता को दरशाता है।

संकट प्रबंधन के सिद्धांतों को आकार देना

ठाकुर की संकट प्रबंधन रणनीतियों ने बिहार में शासन के सिद्धांतों पर एक अमिट छाप छोड़ी। पारदर्शी संचार, आम सहमति निर्माण, विरोध के सामने लचीलापन और चुनौतियों से निपटने के लिए एक व्यापक दृष्टिकोण की विरासत भविष्य के प्रशासन के लिए मानक बन गई।

लोकतांत्रिक मूल्यों को मजबूत करना

ठाकुर की संकट प्रबंधन रणनीतियों ने विशेष रूप से कानून और व्यवस्था की चुनौतियों का सामना करते हुए लोकतांत्रिक मूल्यों को बनाए रखने के प्रति उनकी प्रतिबद्धता को उजागर किया। उनके दृष्टिकोण ने व्यक्तिगत अधिकारों के संरक्षण के साथ सुरक्षा की आवश्यकता को संतुलित किया, संकट के समय में जिम्मेदार शासन के लिए एक मिसाल कायम की।

आपदा के समय में समावेशी शासन

प्राकृतिक आपदाओं के दौरान समन्वित राहत प्रयासों पर ठाकुर के जोर ने समावेशी शासन के महत्त्व को रेखांकित किया। उनके प्रशासन ने यह सुनिश्चित करने की दिशा में काम किया कि जाति या आर्थिक स्थिति के बावजूद, समाज के सभी वर्गों तक राहत पहुँचे। यह दृष्टिकोण बिहार में आपदा प्रबंधन के सिद्धांतों का अभिन्न अंग बन गया।

भावी नेताओं के लिए सबक

ठाकुर की संकट प्रबंधन रणनीतियों का स्थायी प्रभाव भविष्य के नेताओं

के लिए एक सबक के रूप में कार्य करता है। लचीलेपन, पारदर्शी संचार और समावेशी शासन के संयोजन के साथ जटिल संकटों से निपटने की उनकी क्षमता गतिशील राजनीतिक परिदृश्य में चुनौतियों का सामना करने वाले नेताओं के लिए मूल्यवान् अंतर्दृष्टि प्रदान करती है।

□

13

आरक्षण : सामाजिक समानता में कर्पूरी का योगदान

कर्पूरी ठाकुर की स्थायी विरासत, विशेषकर आरक्षण नीतियों के कार्यान्वयन के माध्यम से सामाजिक न्याय के प्रति उनकी प्रतिबद्धता के साथ गहराई से जुड़ी हुई है। भारत में आरक्षण नीतियों का ऐतिहासिक संदर्भ सदियों पुरानी सामाजिक पदानुक्रमों को संबोधित करने और हाशिए पर रहने वाले समुदायों का प्रतिनिधित्व और ऊपर की ओर गतिशीलता के अवसर प्रदान करने में निहित है।

जाति-आधारित भेदभाव

भारत का सामाजिक ताना-बाना सदियों से जाति आधारित भेदभाव से खराब हुआ है, जहाँ कुछ समुदायों को ऐतिहासिक रूप से हाशिए पर रखा गया था और शिक्षा, रोजगार और राजनीतिक प्रतिनिधित्व तक पहुँच से वंचित किया गया था। जाति व्यवस्था ने सामाजिक असमानता को मजबूत कर दिया, जिससे राज्य के लिए सकारात्मक काररवाई उपायों में हस्तक्षेप करना अनिवार्य हो गया।

संवैधानिक प्रावधान : सामाजिक समानता का मार्ग प्रशस्त करना

भारतीय संविधान के निर्माताओं ने ऐतिहासिक रूप से वंचित समूहों

के उत्थान के लिए सुधारात्मक उपायों की आवश्यकता को पहचाना। संविधान के अनुच्छेद 15 और अनुच्छेद 16 ने शैक्षणिक संस्थानों और सरकारी नौकरियों में आरक्षण के लिए कानूनी ढाँचा प्रदान किया, जिससे अनुसूचित जाति (एस.सी.), अनुसूचित जनजाति (एस.टी.) और अन्य पिछड़ा वर्ग (ओ.बी.सी.) के लिए सामाजिक समानता और प्रतिनिधित्व का मार्ग प्रशस्त हुआ।

ठाकुर का दृष्टिकोण : सामाजिक न्याय और समावेशी विकास

कर्पूरी ठाकुर की राजनीतिक विचारधारा सामाजिक न्याय और समानता के सिद्धांतों में गहराई से निहित थी। बिहार के लिए उनके दृष्टिकोण में सामाजिक पदानुक्रम को खत्म करना और एक अधिक समावेशी समाज बनाना शामिल था, जहाँ प्रत्येक नागरिक को समान अवसर मिलें।

आरक्षण की वकालत : एक राजनीतिक अनिवार्यता

आरक्षण नीतियों के लिए ठाकुर की वकालत सिर्फ एक राजनीतिक रणनीति नहीं थी; यह एक नैतिक अनिवार्यता थी। उन्होंने हाशिए पर रहने वाले समुदायों द्वारा सामना किए गए ऐतिहासिक अन्याय को पहचाना और आरक्षण को इन असमानताओं को दूर करने के साधन के रूप में देखा। आरक्षण के प्रति ठाकुर की प्रतिबद्धता अधिक न्यायपूर्ण और न्यायसंगत बिहार बनाने के उनके बड़े लक्ष्य का प्रतिबिंब थी।

समावेशी शासन : लाभ का विस्तार

आरक्षण के प्रति ठाकुर का दृष्टिकोण प्रतीकात्मकता से परे चला गया। वह प्रतिनिधित्व की परिवर्तनकारी शक्ति में विश्वास करते थे और उनका लक्ष्य आरक्षण का लाभ आर्थिक रूप से वंचित वर्गों तक भी पहुँचाना था। उनके कार्यकाल के दौरान शुरू की गई आर्थिक रूप से पिछड़े वर्ग (ई.बी. सी.) आरक्षण की अवधारणा, समावेशी शासन के प्रति ठाकुर की प्रतिबद्धता का एक प्रमाण थी।

आरक्षण नीतियों का कार्यान्वयन : एक आदर्श बदलाव

ठाकुर के मुख्यमंत्रित्व काल में आरक्षण नीतियों के कार्यान्वयन में एक आदर्श बदलाव आया। उनकी सरकार ने आरक्षण के दायरे का विस्तार करने के लिए साहसिक कदम उठाए, यह सुनिश्चित किया कि यह उन लोगों तक पहुँचे, जिन्हें ऐतिहासिक रूप से इसके लाभों से बाहर रखा गया था।

ई.बी.सी. के लिए आरक्षण : स्पेक्ट्रम का विस्तार

ठाकुर के महत्त्वपूर्ण योगदानों में से एक आर्थिक रूप से पिछड़े वर्गों (ई.बी.सी.) के लिए आरक्षण की शुरुआत थी। इस कदम का उद्देश्य जाति की परवाह किए बिना विभिन्न समुदायों के बीच आर्थिक असमानताओं को दूर करना था। ठाकुर का दृष्टिकोण एक अधिक समावेशी ढाँचा तैयार करना था, जो सामाजिक और आर्थिक दोनों कारकों पर विचार करता हो।

शिक्षा में अवसरों का विस्तार

ठाकुर की सरकार ने शैक्षणिक संस्थानों में आरक्षण बढ़ाया, जिससे यह सुनिश्चित हुआ कि हाशिए पर रहने वाले समुदायों के छात्रों को गुणवत्तापूर्ण शिक्षा मिल सके। यह कदम रणनीतिक था, जिसका लक्ष्य गरीबी के चक्र को तोड़ना और शैक्षिक अवसरों के माध्यम से भावी पीढ़ियों को सशक्त बनाना था।

सरकारी नौकरियों में प्रतिनिधित्व : बाधाओं को तोड़ना

ठाकुर के प्रशासन ने एस.सी., एस.टी. और ओ.बी.सी. समुदायों के लिए सरकारी नौकरियों में प्रतिनिधित्व बढ़ाने की दिशा में काम किया। इस कदम ने न केवल रोजगार के अवसर प्रदान किए, बल्कि अधिक विविध और समावेशी नौकरशाही के निर्माण में भी योगदान दिया।

आलोचनाएँ और विवाद : चुनौतियों से निपटना

जबकि आरक्षण के लिए ठाकुर की दृष्टि सामाजिक न्याय के सिद्धांतों में निहित थी, कार्यान्वयन को आलोचनाओं और विवादों का सामना करना

पड़ा। इन चुनौतियों से निपटना ठाकुर के लचीलेपन और समानता के आदर्शों को बनाए रखने के उनके दृढ़ संकल्प को प्रदर्शित करता है।

स्थापित हितों का विरोध

आरक्षण के विस्तार को उन लोगों के विरोध का सामना करना पड़ा, जो परिवर्तन के विरोधी थे। ठाकुर की सरकार को उन वर्गों की आलोचनाओं का सामना करना पड़ा, जो आरक्षण को मौजूदा सत्ता संरचनाओं के लिए खतरे के रूप में देखते थे। विपक्ष ने स्थापित हितों को प्रतिबिंबित किया, जो यथास्थिति बनाए रखने की माँग कर रहे थे।

सामाजिक न्याय और आर्थिक मानदंडों को संतुलित करना

ई.बी.सी. आरक्षण की शुरुआत को इसके आर्थिक मानदंडों से संबंधित आलोचनाओं का सामना करना पड़ा। आलोचकों ने तर्क दिया कि आर्थिक पिछड़ेपन पर ध्यान केंद्रित करने से सामाजिक रूप से हाशिए पर रहने वाले समूहों को मिलने वाले लाभ कम हो सकते हैं। ठाकुर की चुनौती आर्थिक असमानताओं को दूर करने के साथ सामाजिक न्याय के सिद्धांतों को संतुलित करना था।

आरक्षण का आर्थिक प्रभाव : समुदायों को सशक्त बनाना

आरक्षण नीतियों के प्रति ठाकुर की प्रतिबद्धता का बिहार में हाशिए पर रहने वाले समुदायों पर गहरा आर्थिक प्रभाव पड़ा। बढ़ते प्रतिनिधित्व और शिक्षा तथा रोजगार के अवसरों तक पहुँच के परिणामस्वरूप हुए सशक्तीकरण ने सामाजिक-आर्थिक परिदृश्य पर एक लहरदार प्रभाव पैदा किया।

सामाजिक-आर्थिक उत्थान

आरक्षण नीतियों ने एस.सी., एस.टी., ओ.बी.सी.और ई.बी.सी. समुदायों के सामाजिक-आर्थिक उत्थान में योगदान दिया। शैक्षणिक संस्थानों और सरकारी नौकरियों में प्रतिनिधित्व बढ़ने से व्यक्तियों और परिवारों के लिए बेहतर आर्थिक संभावनाएँ पैदा हुईं।

रोल मॉडल का निर्माण

विभिन्न क्षेत्रों में हाशिए पर रहने वाले समुदायों के बढ़ते प्रतिनिधित्व के कारण रोल मॉडल का उदय हुआ। आरक्षण के लिए ठाकुर के दृष्टिकोण ने न केवल अवसर प्रदान किए, बल्कि ऐतिहासिक रूप से वंचित पृष्ठभूमि के नेताओं और उपलब्धि हासिल करने वालों के लिए भी मार्ग प्रशस्त किया।

गरीबी के चक्र को तोड़ना

आरक्षण के दीर्घकालिक प्रभावों में से एक गरीबी के चक्र को तोड़ना था। शिक्षा और रोजगार तक पहुँच ने व्यक्तियों और समुदायों को पारंपरिक सामाजिक-आर्थिक बाधाओं से आगे बढ़ने और बिहार के समग्र विकास में योगदान करने की अनुमति दी।

चुनौतियाँ और सीखे गए सबक : एक संतुलित परिप्रेक्ष्य

आरक्षण नीतियों को लागू करने में ठाकुर के प्रयास चुनौतियों और सबक के बिना नहीं थे। आलोचनाओं को संबोधित करने और जटिलताओं को सुलझाने में उन्होंने जो सूक्ष्म दृष्टिकोण अपनाया, वह नीति-निर्माताओं और भविष्य के नेताओं के लिए मूल्यवान् अंतर्दृष्टि प्रदान करता है।

सामाजिक और आर्थिक मानदंडों को संतुलित करना

आरक्षण नीतियों में सामाजिक और आर्थिक मानदंडों को संतुलित करने की चुनौती प्रासंगिक बनी हुई है। ठाकुर का अनुभव एक सूक्ष्म दृष्टिकोण की आवश्यकता पर प्रकाश डालता है, जो सामाजिक न्याय के सिद्धांतों के प्रति सच्चे रहते हुए सभी वर्गों की चिंताओं को संबोधित करता है।

सतत मूल्यांकन और अनुकूलन

ठाकुर की विरासत आरक्षण नीतियों के निरंतर मूल्यांकन और अनुकूलन की माँग करती है। सामाजिक-आर्थिक परिदृश्य विकसित हो रहा है तथा हाशिए पर रहने वाले समुदायों के लिए उभरती चुनौतियों और अवसरों का समाधान करने के लिए नीतियाँ गतिशील होनी चाहिए।

ठाकुर की विरासत : बिहार के सामाजिक परिदृश्य को आकार देना

आरक्षण नीतियों के माध्यम से सामाजिक समानता में ठाकुर के योगदान की विरासत बिहार के सामाजिक ताने-बाने में गहराई से अंतर्निहित है। अधिक समावेशी और न्यायपूर्ण समाज के लिए उनका दृष्टिकोण शासन और नीतिगत निर्णयों को प्रभावित करता रहता है।

राजनीतिक आख्यानों को आकार देना

सामाजिक न्याय और आरक्षण नीतियों के प्रति ठाकुर की प्रतिबद्धता ने बिहार में राजनीतिक कथाओं को आकार दिया है। प्रतिनिधित्व, समानता और समावेशी विकास पर चर्चा राज्य के राजनीतिक परिदृश्य का अभिन्न अंग बनी हुई है।

भावी नेताओं को सशक्त बनाना

ठाकुर की विरासत भविष्य के नेताओं के लिए प्रेरणास्रोत के रूप में काम करती है। सामाजिक न्याय के सिद्धांत और आरक्षण नीतियों के माध्यम से बढ़े हुए प्रतिनिधित्व, आर्थिक सशक्तीकरण और गरीबी के चक्र को तोड़ने की स्थायी विरासत समावेशी शासन की परिवर्तनकारी शक्ति को प्रदर्शित करती है।

◻

14

कर्पूरी ठाकुर की शैक्षिक रणनीतियाँ

बिहार के मुख्यमंत्री के रूप में कर्पूरी ठाकुर के कार्यकाल ने राज्य के शैक्षिक परिदृश्य पर एक अमिट छाप छोड़ी। बिहार में सभी के लिए शिक्षा के लक्ष्य पर उनका दृष्टिकोण एक स्थायी प्रभाव डालता है।

बिहार में शैक्षिक परिदृश्य : चुनौतियाँ और अवसर

जब ठाकुर ने मुख्यमंत्री का पद सँभाला तो बिहार को शिक्षा क्षेत्र में महत्त्वपूर्ण चुनौतियों का सामना करना पड़ा। ये चुनौतियाँ कम साक्षरता दर और अपर्याप्त बुनियादी ढाँचे से लेकर, विशेषकर ग्रामीण क्षेत्रों में शिक्षा की पहुँच में असमानता तक थीं।

कम साक्षरता दर : विकास में बाधा

बिहार, जो ऐतिहासिक रूप से सामाजिक-आर्थिक चुनौतियों से ग्रस्त था, कम साक्षरता दर से जूझ रहा था, जिसने इसके समग्र विकास में बाधा उत्पन्न की। ठाकुर ने गरीबी के चक्र को तोड़ने में शिक्षा की महत्त्वपूर्ण भूमिका को पहचाना और कम साक्षरता में योगदान देने वाले प्रणालीगत मुद्दों को संबोधित करने की माँग की।

पहुँच में असमानताएँ : शहरी-ग्रामीण विभाजन

गुणवत्तापूर्ण शिक्षा तक पहुँच में शहरी-ग्रामीण विभाजन एक कठोर

वास्तविकता थी। जबकि शहरी क्षेत्रों में अपेक्षाकृत बेहतर शैक्षिक बुनियादी ढाँचा था, ग्रामीण क्षेत्रों में स्कूलों, योग्य शिक्षकों और संसाधनों की कमी थी। ठाकुर की नीतियों का उद्देश्य इस अंतर को पाटना और यह सुनिश्चित करना था कि प्रत्येक बच्चे को, चाहे वह किसी भी स्थान पर हो, गुणवत्तापूर्ण शिक्षा तक पहुँच प्राप्त हो।

ठाकुर का दृष्टिकोण : सशक्तीकरण के साधन के रूप में शिक्षा

शिक्षा के प्रति ठाकुर का दृष्टिकोण महज साक्षरता से आगे तक फैला हुआ था; यह इस विश्वास में निहित था कि शिक्षा सशक्तीकरण का एक शक्तिशाली साधन हो सकती है। उनकी नीतियों ने शैक्षिक परिदृश्य को बदलने, इसे अधिक समावेशी, सुलभ तथा व्यक्तियों और समुदायों के समग्र विकास के लिए अनुकूल बनाने का प्रयास किया।

प्राथमिक शिक्षा फोकस : नींव का निर्माण

प्राथमिक शिक्षा पर ठाकुर का जोर रणनीतिक था। यह स्वीकार करते हुए कि बुनियादी वर्ष संज्ञानात्मक विकास के लिए महत्त्वपूर्ण थे, उन्होंने प्राथमिक शिक्षा प्रणाली को मजबूत करने की माँग की। उनकी नीतियों का उद्देश्य यह सुनिश्चित करना था कि प्रत्येक बच्चे को एक ठोस शैक्षिक आधार मिले, जो भविष्य की शैक्षणिक गतिविधियों के लिए आधार तैयार करे।

ड्रॉपआउट दर कम करना : सतत शैक्षिक लक्ष्य

उच्च ड्रॉपआउट दर को संबोधित करना ठाकुर के दृष्टिकोण का एक प्रमुख घटक था। उन्होंने समझा कि केवल बच्चों का स्कूलों में नामांकन कराना ही पर्याप्त नहीं है; ऐसा वातावरण बनाने के प्रयास किए जाने चाहिए, जो निरंतर शैक्षिक गतिविधियों को प्रोत्साहित करें। ठाकुर की नीतियों में छात्रों को शिक्षा प्रणाली में बनाए रखने और स्कूल छोड़ने की दर को कम करने की पहल शामिल थी।

शिक्षा के माध्यम से महिलाओं को सशक्त बनाना

शिक्षा के प्रति ठाकुर की प्रतिबद्धता स्कूली शिक्षा तक पहुँच बढ़ाकर महिलाओं को सशक्त बनाने तक विस्तारित हुई। व्यक्तिगत जीवन और समग्र रूप से समाज दोनों पर महिलाओं को शिक्षित करने के परिवर्तनकारी प्रभाव को पहचानते हुए उनकी नीतियों का उद्देश्य लड़कियों की शिक्षा में आने वाली बाधाओं को दूर करना और उनके शैक्षणिक विकास के लिए अनुकूल वातावरण को बढ़ावा देना था।

बुनियादी ढाँचे का विकास : संसाधन अंतर को संबोधित करना

ठाकुर की शिक्षा की खोज नीति-निर्माण तक सीमित नहीं थी; इसमें बुनियादी ढाँचे के विकास में पर्याप्त निवेश शामिल था। स्कूलों का निर्माण, सुविधाओं में सुधार और यह सुनिश्चित करना कि शैक्षणिक संस्थानों के पास आवश्यक संसाधन हों, उनकी रणनीति के अभिन्न अंग बन गए।

स्कूलों का निर्माण : पहुँच का विस्तार

ठाकुर की सरकार ने विशेष रूप से वंचित ग्रामीण क्षेत्रों में नए स्कूलों के निर्माण की शुरुआत की। इस कदम का उद्देश्य दूर-दराज के क्षेत्रों में शिक्षा की पहुँच का विस्तार करना था, जहाँ स्कूलों के अनुपस्थित बच्चों की शिक्षा तक पहुँच में एक महत्त्वपूर्ण बाधा थी।

बुनियादी ढाँचे का उन्नयन : गुणवत्तापूर्ण शिक्षण वातावरण

अनुकूल शिक्षण वातावरण के महत्त्व को पहचानते हुए ठाकुर की नीतियों में मौजूदा शैक्षिक बुनियादी ढाँचे का उन्नयन शामिल था। इसमें कक्षाओं में सुधार करना, आवश्यक सुविधाएँ प्रदान करना और यह सुनिश्चित करना शामिल था कि स्कूलों में प्रभावी शिक्षण और सीखने की सुविधा के लिए आवश्यक संसाधन हों।

शिक्षा के माध्यम से आर्थिक सशक्तीकरण : एक समग्र दृष्टिकोण

शिक्षा के लिए ठाकुर का दृष्टिकोण समग्र था, जो शैक्षणिक गतिविधियों के साथ आर्थिक सशक्तीकरण को जोड़ता था। उनकी नीतियों का उद्देश्य एक कुशल और शिक्षित कार्यबल तैयार करना था, जो बिहार के आर्थिक विकास में योगदान दे सके और गरीबी की बेड़ियों को तोड़ सके।

व्यावसायिक प्रशिक्षण : कौशल विकास पहल

शिक्षा प्रणाली में व्यावसायिक प्रशिक्षण को शामिल करना ठाकुर का एक रणनीतिक कदम था। उनकी नीतियों का उद्देश्य छात्रों को व्यावहारिक कौशल से लैस करके उनकी रोजगार क्षमता को बढ़ाना और स्वरोजगार के रास्ते बनाना था। ठाकुर ने शिक्षा को न केवल ज्ञान प्राप्त करने के साधन के रूप में, बल्कि आर्थिक स्वतंत्रता के मार्ग के रूप में भी देखा।

लघु उद्योग : शिक्षा और उद्यमिता को जोड़ना

ठाकुर की नीतियाँ लघुस्तरीय उद्योगों को बढ़ावा देने और शिक्षा को उद्यमिता से जोड़ने के अनुरूप थीं। शिक्षा और आर्थिक गतिविधियों के बीच संबंध को बढ़ावा देकर उनकी दृष्टि व्यक्तियों और समुदायों के बीच आत्मनिर्भरता और आर्थिक स्वायत्तता की संस्कृति बनाने की थी।

शैक्षिक सुधार और नीति कार्यान्वयन : एक प्रणालीगत बदलाव

शिक्षा के लिए ठाकुर की खोज में न केवल दूरदर्शी नीतियों का निर्माण शामिल था, बल्कि सुधारों का व्यवस्थित कार्यान्वयन भी शामिल था। उनकी सरकार ने शिक्षा प्रणाली को लोगों की आकांक्षाओं और जरूरतों के अनुरूप बनाने के लिए उसमें व्यापक बदलाव लाने की दिशा में काम किया।

नीति कार्यान्वयन : दृष्टिकोण को कार्य में बदलना

व्यापक शैक्षिक सुधारों को लागू करने के लिए रणनीतिक योजना और सावधानीपूर्वक कार्यान्वयन की आवश्यकता है। ठाकुर के प्रशासन ने नीतिगत

दृष्टि को क्रियान्वित करने की दिशा में काम किया, यह सुनिश्चित किया कि शैक्षिक पहल का लाभ जमीनी स्तर तक पहुँचे।

सामुदायिक भागीदारी : एक सहयोगात्मक दृष्टिकोण

ठाकुर की नीतियों ने शिक्षा प्रणाली में सामुदायिक भागीदारी के महत्त्व को पहचाना। शिक्षा से संबंधित निर्णय लेने की प्रक्रियाओं में स्थानीय समुदायों, अभिभावकों और शिक्षकों को शामिल करने की पहल की गई। इस सहयोगात्मक दृष्टिकोण का उद्देश्य समुदायों के भीतर स्वामित्व और जवाबदेही की भावना पैदा करना है।

चुनौतियाँ और विवाद

सभी के लिए शिक्षा का प्रयास चुनौतियों और विवादों से रहित नहीं था। प्रणालीगत परिवर्तन के प्रति ठाकुर की प्रतिबद्धता को निहित स्वार्थों के विरोध का सामना करना पड़ा और इन जटिलताओं से निपटने के लिए लचीलेपन और रणनीतिक निर्णय लेने की आवश्यकता थी।

स्थापित हितों का विरोध

ठाकुर द्वारा शुरू किए गए शैक्षिक सुधारों को विभिन्न हलकों से विरोध का सामना करना पड़ा। परिवर्तन के प्रति प्रतिरोधी निहित स्वार्थों ने यथास्थिति बनाए रखने की कोशिश की। अपने दृष्टिकोण के प्रति सच्चे रहते हुए इन चुनौतियों से निपटने की ठाकुर की क्षमता शैक्षिक सशक्तीकरण के प्रति उनकी अटूट प्रतिबद्धता को दरशाती है।

क्षेत्रीय असमानताओं को संतुलित करना

बिहार के विविध भौगोलिक परिदृश्य ने शिक्षा तक समान पहुँच सुनिश्चित करने में चुनौतियाँ पेश कीं। ठाकुर की नीतियों का उद्देश्य क्षेत्रीय असमानताओं को संतुलित करना, शहरी और ग्रामीण क्षेत्रों के बच्चों के लिए शैक्षिक अवसरों को सुलभ बनाना था। इसमें वंचित क्षेत्रों के लिए बुनियादी ढाँचे और संसाधनों में लक्षित निवेश शामिल था।

साक्षरता दर पर प्रभाव : एक परिवर्तनकारी विरासत

ठाकुर की शैक्षिक नीतियों का बिहार की साक्षरता दर पर परिवर्तनकारी प्रभाव पड़ा। शिक्षा में पहुँच, गुणवत्ता और समावेशिता में सुधार के ठोस प्रयासों ने शैक्षिक परिदृश्य में महत्त्वपूर्ण बदलाव में योगदान दिया।

साक्षरता दर में सुधार : एक मात्रात्मक प्रभाव

डाटा ठाकुर की शैक्षिक नीतियों के ठोस प्रभाव को दरशाता है। उनके कार्यकाल के दौरान बिहार की साक्षरता दर में उल्लेखनीय सुधार देखा गया, जो शैक्षिक पहुँच बढ़ाने और स्कूल छोड़ने की दर को कम करने के उद्देश्य से की गई पहल की सफलता का संकेत देता है।

हाशिए पर रहने वाले समुदायों को सशक्त बनाना

शिक्षा के माध्यम से हाशिए पर रहने वाले समुदायों को सशक्त बनाने पर ठाकुर के ध्यान ने शैक्षिक अंतर को कम करने में योगदान दिया। एस.सी., एस.टी., ओ.बी.सी.और ई.बी.सी. समुदायों के लिए शैक्षिक अवसरों में वृद्धि और पहुँच उनकी विरासत की पहचान बन गई।

चुनौतियाँ और सीखे गए सबक

शिक्षा के लिए ठाकुर की खोज में चुनौतियों का सामना करना पड़ा और इन चुनौतियों से निपटने से सीखे गए सबक भविष्य के शैक्षिक सुधारों के लिए एक खाका पेश करते हैं।

सतत सुधार : निरंतरता सुनिश्चित करना

शैक्षिक सुधारों की स्थिरता के लिए निरंतरता के प्रति प्रतिबद्धता की आवश्यकता होती है। ठाकुर का अनुभव यह सुनिश्चित करने के महत्त्व पर प्रकाश डालता है कि स्थायी प्रभाव पैदा करने के लिए नीतियाँ और पहल एक कार्यकाल से अधिक समय तक कायम रहें।

बदलती गतिशीलता को अपनाना

उभरती चुनौतियों और अवसरों के साथ शैक्षिक परिदृश्य गतिशील है। ठाकुर की विरासत नीति-निर्माताओं को बदलती गतिशीलता के अनुरूप ढलने, नवाचारों को शामिल करने और शिक्षा के क्षेत्र में उभरते मुद्दों को संबोधित करने की आवश्यकता को रेखांकित करती है।

ठाकुर की विरासत : बिहार के शैक्षिक भविष्य को आकार देना

कर्पूरी ठाकुर की शैक्षिक नीतियों की विरासत उनके मुख्यमंत्री के कार्यकाल से भी आगे तक फैली हुई है। शिक्षा के प्रति उनके दृष्टिकोण ने बिहार के शैक्षिक भविष्य पर एक अमिट छाप छोड़ी है, बाद के प्रशासनों को प्रभावित किया है और राज्य की आकांक्षाओं को आकार दिया है।

शिक्षा में राजनीतिक आख्यान

शिक्षा के प्रति ठाकुर की प्रतिबद्धता बिहार के राजनीतिक आख्यानों का एक अभिन्न अंग बन गई है। बाद की सरकारों ने शिक्षा के लिए उनकी खोज के स्थायी प्रभाव को प्रदर्शित करते हुए उनकी नीतियों और दूरदर्शिता का उल्लेख किया है।

ठाकुर की विरासत भावी पीढ़ियों के लिए प्रेरणास्त्रोत के रूप में कार्य करती है। सशक्तीकरण के एक साधन के रूप में शिक्षा के प्रति उनका दृष्टिकोण युवा मन की आकांक्षाओं को प्रभावित कर रहा है और बिहार में शैक्षिक प्रवचन को आकार दे रहा है।

□

15

विरोधी एवं सहयोगी : कर्पूरी के राजनीतिक गठबंधन

कर्पूरी ठाकुर की राजनीतिक यात्रा बिहार के राजनीतिक परिदृश्य के जटिल गठबंधनों और प्रतिद्वंद्विता के माध्यम से बुना गया एक सूक्ष्म जाल थी। उन्होंने जो गठबंधन बनाए और जिन टकरावों का सामना किया, वे केवल उनके राजनीतिक कॅरियर की कड़ियाँ नहीं थे, बल्कि महत्त्वपूर्ण मार्कर थे, जिन्होंने बिहार की राजनीति की दिशा को आकार दिया।

प्रारंभिक राजनीतिक गठबंधन : नींव तैयार करना

राजनीति में ठाकुर का प्रवेश उन गठबंधनों द्वारा चिह्नित किया गया, जिन्होंने उनके भविष्य के राजनीतिक प्रक्षेपवक्र की नींव रखी। उनके शुरुआती जुड़ाव ने बिहार के राजनीतिक परिदृश्य की जटिलताओं के बारे में उनकी समझ को आकार दिया और उनकी राजनीतिक यात्रा के वैचारिक आधार को प्रभावित किया।

जनता परिवार : प्रारंभिक राजनीतिक संबद्धता

ठाकुर को अपना प्रारंभिक राजनीतिक घर जनता परिवार में मिला, जो 1970 के दशक के मध्य में लगाए गए आपातकाल के खिलाफ एकजुट हुए विभिन्न राजनीतिक दलों का गठबंधन था। जयप्रकाश नारायण जैसे नेताओं के

साथ जनता परिवार ने सत्तावादी शासन का विरोध करने में महत्त्वपूर्ण भूमिका निभाई और ठाकुर की राजनीतिक शुरुआत के लिए एक मंच प्रदान किया।

समाजवादी आदर्श : सामान्य आधार

जनता परिवार के समाजवादी आदर्शों के साथ ठाकुर का जुड़ाव सामाजिक न्याय और समतावादी सिद्धांतों के प्रति उनकी अपनी प्रतिबद्धता के साथ प्रतिध्वनित हुआ। गठबंधन एक परीक्षा बन गया, जहाँ ठाकुर की राजनीतिक विचारधारा को आकार दिया गया, उनके बाद के गठबंधनों के लिए आधार तैयार किया गया और महत्त्वपूर्ण मुद्दों पर उनके रुख को परिभाषित किया गया।

समाजवादी नेता : बिहार में गठबंधन बनाना

जैसे-जैसे ठाकुर बिहार के राजनीतिक पदानुक्रम में आगे बढ़े, एक समाजवादी नेता के रूप में उनकी भूमिका तेजी से प्रमुख होती गई। इस अवधि के दौरान उन्होंने जो गठबंधन बनाए, उनमें न केवल रणनीतिक विचार, बल्कि राज्य के भीतर समाजवादी सिद्धांतों को आगे बढ़ाने की प्रतिबद्धता भी प्रतिबिंबित हुई।

जनता दल : समाजवादियों का एकीकरण

1980 के दशक में जनता दल के उद्भव ने ठाकुर के राजनीतिक गठबंधनों में एक महत्त्वपूर्ण अध्याय जोड़ा। विभिन्न समाजवादी समूहों के विलय से बनी इस पार्टी ने समाजवादी राजनीतिक शक्ति को मजबूत करने का प्रयास किया। ठाकुर ने समाजवादी स्पेक्ट्रम के भीतर पुल बनाने की अपनी क्षमता का प्रदर्शन करते हुए इस एकीकरण में महत्त्वपूर्ण भूमिका निभाई।

लालू प्रसाद यादव के साथ गठबंधन : एक राजनीतिक साझेदारी

ठाकुर के राजनीतिक कॅरियर में निर्णायक गठबंधनों में से एक करिश्माई नेता लालू प्रसाद यादव के साथ था, जो बाद में बिहार के मुख्यमंत्री बने। ठाकुर

और लालू के बीच साझेदारी ने सामाजिक न्याय के प्रति साझा प्रतिबद्धता को दरशाया और 1990 के दशक में बिहार के राजनीतिक परिदृश्य को आकार देने में महत्त्वपूर्ण भूमिका निभाई।

विपक्ष की गतिशीलता : प्रतिकूल संबंधों से निपटना

ठाकुर की राजनीतिक यात्रा न केवल गठबंधनों द्वारा, बल्कि राजनीतिक विरोधियों के साथ टकराव से भी चिह्नित की गई थी। इन प्रतिकूल संबंधों से निपटने के लिए एक नाजुक संतुलन की आवश्यकता थी, क्योंकि ठाकुर ने विपक्षी ताकतों के साथ उलझते हुए अपने सिद्धांतों पर जोर देने की कोशिश की थी।

कांग्रेस के साथ टकराव : वैचारिक मतभेद

ठाकुर की समाजवादी विचारधारा अकसर उन्हें कांग्रेस के साथ संघर्ष में लाती थी, एक ऐसी पार्टी, जिसका ऐतिहासिक रूप से बिहार में प्रभाव था। कांग्रेस के साथ उनका टकराव वैचारिक मतभेदों में निहित था, विशेष रूप से सामाजिक न्याय, आर्थिक नीतियों और शासन के मुद्दों से संबंधित।

जनता दल के भीतर से चुनौतियाँ : आंतरिक कलह

जनता दल के भीतर आंतरिक मतभेदों ने ठाकुर के नेतृत्व के लिए चुनौतियाँ प्रस्तुत कीं। पार्टी के भीतर विभिन्न गुटों ने, प्रत्येक के अपने एजेंडे और शक्ति की गतिशीलता के साथ, एकजुटता बनाए रखने और पार्टी को एकीकृत दिशा में ले जाने की ठाकुर की क्षमता का परीक्षण किया।

गठबंधन की राजनीति : संतुलन बनाना

भारत में गठबंधन की राजनीति के युग ने ठाकुर के लिए चुनौतियाँ और अवसर दोनों प्रस्तुत किए। एक समाजवादी ताकत के नेता के रूप में उन्हें गठबंधन की गतिशीलता की जटिलताओं से निपटना था, अलग-अलग हितों का प्रबंधन करते हुए समान उद्देश्यों को साझा करने वाली पार्टियों के साथ गठबंधन बनाना था।

संयुक्त मोर्चा : एक राष्ट्रीय प्रयोग

राष्ट्रीय स्तर पर संयुक्त मोर्चे के गठन में ठाकुर ने गैर-कांग्रेस, गैर-भाजपा दलों के गठबंधन में भाग लिया। गठबंधन की राजनीति में इस प्रयोग का उद्देश्य पारंपरिक शक्तियों का विकल्प प्रदान करना था। संयुक्त मोर्चे में ठाकुर की भागीदारी ने नए राजनीतिक विन्यास तलाशने की उनकी इच्छा को प्रदर्शित किया।

क्षेत्रीय गठबंधन की गतिशीलता

बिहार के संदर्भ में, ठाकुर क्षेत्रीय गठबंधन की गतिशीलता में लगे रहे, उन पार्टियों के साथ गठबंधन बनाया, जो सामाजिक न्याय और समावेशी शासन के व्यापक लक्ष्य में योगदान कर सकते थे। ये क्षेत्रीय गठबंधन बिहार के राजनीतिक परिदृश्य को आकार देने और एकल-दलीय प्रभुत्व का विकल्प प्रदान करने में सहायक थे।

असहमति और इस्तीफा : गठबंधन का टूटना

ठाकुर के राजनीतिक कॅरियर के उत्तरार्ध में जनता दल के भीतर गठबंधन टूटने और आंतरिक असंतोष देखा गया। गठबंधन की राजनीति की जटिलताओं के साथ-साथ वैचारिक मतभेदों के कारण गठबंधन टूट गया, जिसने ठाकुर की राजनीतिक यात्रा के बाद के अध्यायों को परिभाषित किया।

मुख्यमंत्री पद से इस्तीफा

वर्ष 1977 में पद सँभालने के मात्र दो साल बाद ही ठाकुर का मुख्यमंत्री पद से इस्तीफा जनता पार्टी के भीतर आंतरिक असंतोष का परिणाम था। गठबंधन सरकार के प्रबंधन और परस्पर विरोधी हितों में सामंजस्य बिठाने की चुनौतियों ने गठबंधन को एकजुट रखने की ठाकुर की क्षमता का परीक्षण किया।

जनता दल में विभाजन : वैचारिक दोष रेखाएँ

1980 के दशक के अंत में जनता दल में विभाजन ने पार्टी के भीतर गहरी बैठी वैचारिक खामियाँ उजागर कर दीं। समाजवादी सिद्धांतों के प्रति ठाकुर की

प्रतिबद्धता और चुनावी विचारों पर सामाजिक न्याय को प्राथमिकता देने के उनके आग्रह के कारण पार्टी के भीतर मुख्यधारा से विचलन हुआ।

गठबंधन की विरासत

ठाकुर के राजनीतिक गठबंधन, दोनों बने और टूटे, ने एक स्थायी विरासत छोड़ी, जो बिहार के राजनीतिक परिदृश्य को आकार दे रही है। उनके सहयोग और टकराव का प्रभाव राज्य के राजनीतिक आख्यानों और उसके बाद आने वाले राजनीतिक नेताओं के प्रक्षेप पथ में प्रतिबिंबित होता है।

समाजवादी विरासत : स्थायी आदर्श

समाजवादी आदर्शों के प्रति ठाकुर की प्रतिबद्धता बिहार की राजनीतिक पहचान की आधारशिला बन गई। समाजवादी ताकतों को एकजुट करने और सामाजिक न्याय के उद्देश्य को आगे बढ़ाने के उनके प्रयासों ने बाद के नेताओं के लिए मार्ग प्रशस्त किया, जिन्होंने समाजवादी सिद्धांतों की मशाल को आगे बढ़ाया।

जनता परिवार को आकार देना : एक सतत प्रभाव

जनता परिवार के भीतर ठाकुर द्वारा बनाए गए गठबंधनों का क्षेत्र के राजनीतिक प्रक्षेप पथ पर स्थायी प्रभाव पड़ा। समाजवादी ताकतों के एकीकरण से पैदा हुई राजनीतिक इकाई जनता दल ने 'ठाकुर युग' के बाद भी बिहार की राजनीति को आकार देना जारी रखा।

भविष्य के नेताओं के लिए सबक

राजनीतिक गठबंधनों में ठाकुर के अनुभव भविष्य के नेताओं के लिए गठबंधन की राजनीति और वैचारिक मतभेदों के जटिल जाल से निपटने के लिए मूल्यवान् सबक प्रदान करते हैं।

सिद्धांतों और व्यावहारिकता को संतुलित करना

ठाकुर की राजनीतिक यात्रा सिद्धांतों और व्यावहारिकता के बीच नाजुक

संतुलन को दरशाती है। जबकि वह समाजवादी आदर्शों के प्रति अपनी प्रतिबद्धता पर दृढ़ रहे, उन्होंने व्यापक राजनीतिक उद्देश्यों को प्राप्त करने के लिए व्यावहारिक गठबंधन की आवश्यकता को भी पहचाना।

जटिलताओं से निपटना : एक राजनीतिक कौशल

गठबंधन राजनीति की जटिलताओं के लिए गहन राजनीतिक कौशल की आवश्यकता होती है। जनता दल के भीतर और बाहर के जटिल रिश्तों को सुलझाने की ठाकुर की क्षमता ने राजनीतिक गठबंधनों को परिभाषित करने वाली गतिशीलता की सूक्ष्म समझ प्रदर्शित की।

□

16

जनता के मुख्यमंत्री : कर्पूरी ठाकुर की लोकप्रियता

बिहार में कर्पूरी ठाकुर की राजनीतिक विरासत जनता के बीच उनकी लोकप्रियता से जटिल रूप से जुड़ी हुई है। उनका करिश्मा, सामाजिक न्याय के प्रति प्रतिबद्धता, जमीनी स्तर पर शासन और आर्थिक सशक्तीकरण नीतियों ने सामूहिक रूप से एक ऐसे नेता के रूप में उनकी विरासत को आकार दिया, जो लोगों की आकांक्षाओं के अनुरूप था।

करिश्माई नेता : कर्पूरी का जनता से जुड़ाव

ठाकुर का करिश्मा उनके राजनीतिक व्यक्तित्व की एक परिभाषित विशेषता थी। आम लोगों से जुड़ने की उनकी क्षमता ने राजनीति की पारंपरिक सीमाओं को पार कर उन्हें जनता के बीच एक प्रिय व्यक्ति बना दिया।

ठाकुर की लोकप्रियता का एक प्रमुख तत्त्व उनकी संबंधित पृष्ठभूमि थी। पितौंझिया गाँव में एक साधारण कृषक परिवार में जनमे ठाकुर की यात्रा अनगिनत बिहारियों के संघर्षों को प्रतिबिंबित करती है। इस सापेक्षता ने उन्हें लोगों का प्रिय बना दिया, जिन्होंने उनमें एक ऐसा नेता देखा, जो उनकी आकांक्षाओं और चुनौतियों को समझता था।

ठाकुर के निजी जीवन में सादगी और विनम्रता झलकती थी। बिहार में सर्वोच्च राजनीतिक पद पर रहने के बावजूद उन्होंने संयमित जीवनशैली

अपनाई। यह व्यावहारिक दृष्टिकोण लोगों को पसंद आया, जिससे यह धारणा मजबूत हुई कि वे उनके हितों की सेवा के लिए समर्पित नेता थे।

सामाजिक न्याय और हाशिए पर पड़े समुदायों के उत्थान के प्रति ठाकुर की अटूट प्रतिबद्धता ने व्यापक समर्थन हासिल करने में महत्त्वपूर्ण भूमिका निभाई। वंचितों के लिए उनकी वकालत, ठोस नीतिगत उपायों के साथ मिलकर उन्हें लोगों के चैंपियन के रूप में स्थापित किया गया।

ठाकुर के नेतृत्व में आरक्षण नीतियों का कार्यान्वयन सामाजिक न्याय के प्रति उनकी प्रतिबद्धता का प्रमाण था। ऐतिहासिक रूप से हाशिए पर रहने वाले समुदायों के लिए अवसर प्रदान करके उन्होंने वंचितों के कल्याण के लिए वास्तविक चिंता का प्रदर्शन किया।

दलितों और पिछड़े वर्गों के अधिकारों और सम्मान के लिए ठाकुर की मुखर वकालत ने उन्हें इन समुदायों का प्रिय बना दिया। उनके भाषणों और कार्यों ने समाज के हाशिए पर पड़े वर्गों की आकांक्षाओं के अनुरूप, इन समूहों द्वारा सामना किए गए ऐतिहासिक अन्याय को संबोधित करने में तात्कालिकता की भावना व्यक्त की।

जमीनी स्तर पर शासन

ठाकुर की शासन शैली ने जमीनी स्तर पर जुड़ाव पर जोर दिया। प्रशासनिक कार्यालयों के दायरे में काम करने वाले पारंपरिक नेताओं के विपरीत, ठाकुर लोगों के लिए सुलभ होने के लिए जाने जाते थे, जिससे वे एक ऐसे मुख्यमंत्री बन गए, जिनकी छवि जनता के बीच रहने की थी।

ठाकुर द्वारा 'जनता दरबार' की स्थापना, जो नागरिकों के साथ सीधे बातचीत का एक मंच था, एक अभूतपूर्व पहल थी। इस खुले दरवाजे की नीति ने जीवन के सभी क्षेत्रों के लोगों को अपनी शिकायतें सीधे मुख्यमंत्री तक पहुँचाने की अनुमति दी, जिससे शासन में समावेशिता और जवाबदेही की भावना को बढ़ावा मिला।

ठाकुर की गाँवों की नियमित यात्राओं ने ग्रामीण बिहार की जमीनी हकीकत को समझने के प्रति उनकी प्रतिबद्धता को प्रदर्शित किया। ये यात्राएँ

केवल फोटो खींचने का अवसर नहीं थीं, बल्कि ग्रामीण आबादी के सामने आने वाली चुनौतियों से जुड़ने के वास्तविक प्रयास थे, जिससे जमीनी स्तर पर गहराई से जुड़े नेता के रूप में उनकी छवि मजबूत हुई।

ठाकुर की आर्थिक नीतियों को समावेशी विकास पर ध्यान केंद्रित करके तैयार किया गया था, जिसका लक्ष्य समाज के सभी वर्गों का उत्थान करना था। उनके दृष्टिकोण ने आर्थिक असमानताओं को पाटने और आम लोगों के जीवन स्तर में सुधार लाने का प्रयास किया।

कृषि अर्थव्यवस्था का पोषण

बिहार की अर्थव्यवस्था में कृषि के महत्त्व को पहचानते हुए ठाकुर ने विभिन्न ग्रामीण विकास कार्यक्रम शुरू किए। इन पहलों का उद्देश्य किसानों को सशक्त बनाना, कृषि पद्धतियों में सुधार करना और ग्रामीण समुदायों की समग्र आर्थिक भलाई को बढ़ाना है।

रोजगार सृजन पर ठाकुर का जोर उनकी आर्थिक नीतियों के केंद्र में था। विशेषकर ग्रामीण क्षेत्रों में रोजगार के अवसरों के सृजन ने न केवल आर्थिक विकास में, बल्कि सामाजिक स्थिरता और गरीबी उन्मूलन में भी योगदान दिया।

सशक्तीकरण के साधन के रूप में शिक्षा पर ठाकुर के जोर ने उन्हें माता-पिता और युवाओं का प्रिय बना दिया। शैक्षिक बुनियादी ढाँचे में सुधार, स्कूल छोड़ने की दर कम करने और शिक्षा की गुणवत्ता बढ़ाने के लिए की गई पहल बिहार के भविष्य में निवेश के प्रति उनकी प्रतिबद्धता को दरशाती है।

प्राथमिक शिक्षा को मजबूत करने पर ठाकुर का ध्यान एक रणनीतिक कदम था। प्रारंभिक वर्षों में एक मजबूत नींव सुनिश्चित करके उन्होंने अधिक शिक्षित और कुशल आबादी के लिए आधार तैयार किया और राज्य के दीर्घकालिक विकास में योगदान दिया।

आधी आबादी को सशक्त बनाना

महिलाओं के लिए शिक्षा तक पहुँच बढ़ाने की ठाकुर की वकालत

न केवल एक प्रगतिशील रुख थी, बल्कि लैंगिक समानता के प्रति उनकी प्रतिबद्धता का भी प्रतिबिंब थी। शिक्षा के माध्यम से महिलाओं को सशक्त बनाकर उन्होंने राज्य के समग्र सामाजिक-आर्थिक विकास में योगदान दिया।

ठाकुर की लोकप्रियता बिहार के राजनीतिक परिदृश्य की चुनौतियों और जटिलताओं से अछूती नहीं थी। विपक्षी ताकतों को नियंत्रित करना, गठबंधन की गतिशीलता का प्रबंधन करना और आंतरिक असंतोष का सामना करना, ये सभी उनकी राजनीतिक यात्रा के जटिल परिदृश्य का हिस्सा थे।

वैचारिक संघर्ष

ठाकुर की समाजवादी विचारधारा अकसर राजनीतिक प्रतिष्ठान से टकराती थी, जिसके कारण विपक्षी ताकतें उनकी नीतियों और शासन शैली पर सवाल उठाती थीं। इन वैचारिक टकरावों ने चुनौतियाँ तो खड़ी की ही, साथ ही लोगों की भलाई के लिए यथास्थिति को चुनौती देने से निडर नेता के रूप में उनकी छवि भी मजबूत हुई।

गठबंधन राजनीति की पेचीदगियों ने एकीकृत मोर्चा बनाए रखने में चुनौतियाँ पेश कीं। जनता दल के भीतर विविध हितों को संतुलित करने की ठाकुर की क्षमता ने उनके राजनीतिक कौशल को प्रदर्शित किया, लेकिन उन्हें आंतरिक असंतोष का भी सामना करना पड़ा, जिसका उनकी लोकप्रियता पर प्रभाव पड़ा।

सामाजिक न्याय, जमीनी स्तर पर शासन और आर्थिक सशक्तीकरण के प्रति उनकी प्रतिबद्धता में निहित ठाकुर की लोकप्रियता ने बिहार के राजनीतिक परिदृश्य पर एक अमिट छाप छोड़ी। बिहार के लोगों पर उन्होंने जो स्थायी प्रभाव डाला, वह राज्य के राजनीतिक विमर्श को आकार देता रहता है।

'जनता के मुख्यमंत्री' के रूप में ठाकुर की विरासत बिहार के राजनीतिक आख्यानों का एक अभिन्न अंग बन गई है। उनकी लोकप्रियता का अकसर बाद के नेताओं द्वारा उल्लेख किया जाता है और उनकी शासन शैली जनता से जुड़ने के लिए एक मानक के रूप में कार्य करती है।

जमीनी स्तर के नेता

ठाकुर ने जिस शासन मॉडल का उदाहरण दिया, वह लोगों की जरूरतों के प्रति पहुँच और जवाबदेही से चिह्नित है, जिसने बिहार में बाद के जमीनी स्तर के नेताओं को प्रभावित किया है। उनकी लोकप्रियता ने उन नेताओं के लिए एक मानक स्थापित किया है, जो उन नागरिकों के साथ वास्तव में जुड़ने की इच्छा रखते हैं, जिनकी वे सेवा करते हैं।

ठाकुर की लोकप्रियता में योगदान देने वाले कारक भविष्य के नेताओं के लिए मूल्यवान् सबक प्रदान करते हैं, जो जनता से जुड़ना चाहते हैं और अपने समुदायों पर स्थायी प्रभाव छोड़ना चाहते हैं।

ठाकुर की प्रामाणिकता और विनम्रता ने उन्हें लोगों का प्रिय बना दिया। भविष्य के नेता उनके दृष्टिकोण से प्रेरणा ले सकते हैं, जो अपनी जड़ों के प्रति सच्चे रहने और नागरिकों के साथ वास्तविक संबंध बनाए रखने के महत्त्व पर जोर देते हैं।

ठाकुर की समावेशी शासन शैली, जो नागरिकों के साथ सीधे संपर्क और हाशिए पर रहने वाले समुदायों पर ध्यान केंद्रित करती है, ने लोगों के बीच विश्वास पैदा किया। भविष्य के नेता विविध आबादी के बीच अपनेपन की भावना को बढ़ावा देने में समावेशिता के महत्त्व को पहचानते हुए इस दृष्टिकोण से सीख सकते हैं।

सामाजिक न्याय के प्रति ठाकुर की अटूट प्रतिबद्धता ने एक एकीकृत शक्ति के रूप में काम किया। भविष्य के नेता पूरे समाज का उत्थान करने वाली नीतियों की परिवर्तनकारी शक्ति को पहचानते हुए वंचितों और हाशिए पर पड़े लोगों के लिए उनकी वकालत से प्रेरणा ले सकते हैं।

□

17

भूमि सुधार और कृषि नीतियाँ : कर्पूरी का प्रभाव

बिहार के मुख्यमंत्री के रूप में कर्पूरी ठाकुर का कार्यकाल कृषि चुनौतियों का समाधान करने और किसानों के जीवन के उत्थान के लिए एक ठोस प्रयास द्वारा चिह्नित किया गया था। उनके नेतृत्व में लागू किए गए भूमि सुधार और कृषि नीतियाँ परिवर्तनकारी थीं, ग्रामीण परिदृश्य को नया आकार दिया और हाशिए पर रहने वाले समुदायों को सशक्त बनाया।

बिहार का कृषि परिदृश्य : चुनौतियाँ और अवसर

ठाकुर के समय में बिहार के कृषि क्षेत्र को बहुआयामी चुनौतियों का सामना करना पड़ा, जिसमें भूमि वितरण असमानताओं से लेकर कम कृषि उत्पादकता तक शामिल थी। भूमि सुधार और कृषि नीतियों के लिए ठाकुर का दृष्टिकोण इन चुनौतियों की प्रतिक्रिया के रूप में उभरा, जिसका लक्ष्य अधिक न्यायसंगत और टिकाऊ कृषि परिदृश्य बनाना था।

भूमि वितरण में ऐतिहासिक भिन्नताओं ने असमानताओं को कायम रखा, जिससे ग्रामीण आबादी का एक बड़ा हिस्सा हाशिए पर चला गया। ठाकुर ने इन असंतुलनों को दूर करने तथा भूमिहीन और हाशिए पर रहने वाले समुदायों को सशक्त बनाने के लिए ठोस भूमि सुधारों की आवश्यकता को पहचाना।

कम कृषि उत्पादकता ने बिहार के किसानों के सामने चुनौतियों को बढ़ा दिया। ठाकुर की कृषि नीतियाँ न केवल तात्कालिक चिंताओं को दूर करने के लिए, बल्कि अधिक मजबूत और टिकाऊ कृषि क्षेत्र की नींव रखने के लिए भी तैयार की गई थीं।

भूमि सुधार : समानता का मार्ग

ठाकुर के भूमि सुधार सामाजिक न्याय के सिद्धांतों में निहित थे और उनका उद्द्देश्य भूमि का अधिक न्यायसंगत वितरण करना था। इन पहलों का उद्द्देश्य भूमिहीन, हाशिए पर मौजूद समुदायों को सशक्त बनाना और समावेशी कृषि विकास के लिए एक आधार तैयार करना था।

ठाकुर के कार्यकाल के दौरान अधिनियमित बिहार भूमि सुधार अधिनियम एक ऐतिहासिक कानून था, जो भूमि स्वामित्व पैटर्न को फिर से परिभाषित करने की माँग करता था। इस अधिनियम ने भूमि जोत पर प्रतिबंध लगा दिया, कुछ लोगों के हाथों में संकेंद्रण को रोक दिया और भूमिहीनों को अधिशेष भूमि के वितरण की सुविधा प्रदान की।

भूमिहीनों को सशक्त बनाना

ठाकुर के भूमि सुधारों का एक प्रमुख पहलू भूमिहीनों को अधिशेष भूमि का वितरण था। इस पहल का उद्द्देश्य हाशिए पर रहने वाले समुदायों को एक ठोस संपत्ति प्रदान करना, आर्थिक सशक्तीकरण और सामाजिक समावेशन को बढ़ावा देना है।

ठाकुर की कृषि नीतियों को कृषि क्षेत्र को पुनर्जीवित करने, उत्पादकता बढ़ाने और किसानों की सामाजिक-आर्थिक स्थितियों में सुधार करने के लिए डिजाइन किया गया था। इन नीतियों ने सिंचाई और ऋण पहुँच से लेकर कृषि पद्धतियों में तकनीकी प्रगति तक के मुद्दों को संबोधित किया।

कृषि उत्पादकता को बढ़ाने में सिंचाई की महत्त्वपूर्ण भूमिका को पहचानते हुए ठाकुर की सरकार ने सिंचाई सुविधाओं में सुधार के लिए पहल लागू की। इसमें किसानों के लिए अधिक विश्वसनीय जल आपूर्ति

सुनिश्चित करने के लिए नहरों, टैंकों और कुओं का निर्माण और रख–
रखाव शामिल था।

किसानों को आर्थिक रूप से सशक्त बनाना

ठाकुर की कृषि नीतियों का उद्देश्य यह सुनिश्चित करना था कि
किसानों को ऋण सुविधाओं तक पहुँच मिले। वित्तीय सशक्तीकरण को कृषि
विकास के लिए एक प्रमुख चालक के रूप में देखा गया, जो किसानों को
आधुनिक कृषि पद्धतियों में निवेश करने, गुणवत्तापूर्ण बीज खरीदने और उन्नत
प्रौद्योगिकियों को अपनाने में सक्षम बनाता है।

कृषि में तकनीकी प्रगति पर ठाकुर का जोर कृषि पद्धतियों को आधुनिक
बनाने में सहायक था। नई प्रौद्योगिकियों, उन्नत बीजों और कुशल कृषि
तकनीकों की शुरुआत ने पैदावार बढ़ाने में योगदान दिया और कृषि क्षेत्र की
समग्र दक्षता में वृद्धि की।

ठाकुर के नेतृत्व में भूमि सुधार और कृषि नीतियों के कार्यान्वयन का
ग्रामीण आजीविका पर गहरा प्रभाव पड़ा। किसानों, विशेष रूप से हाशिए
पर रहने वाले समुदायों के लोगों का सशक्तीकरण, उनकी विरासत की
आधारशिला बन गया।

भूमिहीनों को अधिशेष भूमि के वितरण से न केवल ऐतिहासिक अन्याय
दूर हुए, बल्कि आर्थिक सशक्तीकरण भी हुआ। भूमि स्वामित्व ने सुरक्षा और
स्थिरता की भावना प्रदान की, जिससे हाशिए पर रहने वाले समुदायों को
गरीबी के चक्र से मुक्त होने में मदद मिली।

सिंचाई, ऋण पहुँच और तकनीकी प्रगति पर ध्यान देने का कृषि उत्पादकता
पर सीधा प्रभाव पड़ा। किसानों ने पैदावार में वृद्धि, फसल की गुणवत्ता में सुधार
और खेती के लिए अधिक टिकाऊ दृष्टिकोण का अनुभव किया।

विवादों से निपटना

ठाकुर के भूमि सुधार और कृषि नीतियाँ चुनौतियों और आलोचनाओं से
रहित नहीं थीं। इनमें से कुछ पहलों की विवादास्पद प्रकृति के कारण बहस

और विरोध हुआ, जिससे ठाकुर को अपनी दृष्टि के प्रति सच्चे रहते हुए राजनीतिक जटिलताओं से निपटने की आवश्यकता पड़ी।

भूमि सुधारों के तहत जिन भूस्वामियों को नुकसान होने वाला था, वे अपने विरोध में मुखर थे। अधिशेष भूमि के पुनर्वितरण का प्रतिरोध प्रणालीगत परिवर्तन के प्रति प्रतिरोधी निहित स्वार्थों को दरशाता है, जो परिवर्तनकारी नीतियों को लागू करने में ठाकुर के संकल्प का परीक्षण कर रहा है।

भूमि सुधारों के कार्यान्वयन को ठाकुर की अपनी पार्टी के भीतर और विपक्षी ताकतों दोनों से राजनीतिक विरोध का सामना करना पड़ा। राजनीतिक परिदृश्यों को समझने की व्यावहारिक चुनौतियों के साथ सामाजिक न्याय के आदर्शों को संतुलित करने के लिए रणनीतिक निर्णय लेने की आवश्यकता है।

ठाकुर के भूमि सुधार और कृषि नीतियों ने बिहार के ग्रामीण परिदृश्य पर एक अमिट छाप छोड़ी। इन पहलों की स्थायी विरासत ने आने वाले वर्षों में राज्य के सामाजिक-आर्थिक ताने-बाने को आकार देना जारी रखा।

ठाकुर के भूमि सुधारों ने ग्रामीण गतिशीलता को फिर से परिभाषित करने, सामाजिक समानता को बढ़ावा देने और पारंपरिक पदानुक्रम को तोड़ने में योगदान दिया। भूमि स्वामित्व के माध्यम से हाशिए पर रहने वाले समुदायों का सशक्तीकरण प्रगति और न्याय का प्रतीक बन गया।

सिंचाई, ऋण पहुँच और तकनीकी प्रगति पर जोर ने बिहार में टिकाऊ कृषि की नींव रखी। इन नीतियों का प्रभाव किसानों के जीवन स्तर में सुधार और कृषि क्षेत्र के समग्र विकास में दिखाई दिया।

ठाकुर के भूमि सुधारों और कृषि नीतियों की अवधि के आँकड़ों और प्रशंसा-पत्रों की जाँच से बिहार के ग्रामीण समुदायों पर उनके प्रभाव की सूक्ष्म समझ मिलती है।

भूमि सुधारों के कार्यान्वयन से पहले और बाद में भूमि वितरण पैटर्न पर डाटा ठाकुर की नीतियों के परिवर्तनकारी प्रभाव में मात्रात्मक अंतर्दृष्टि प्रदान करता है। भूमि संकेंद्रण में कमी और हाशिए पर रहने वाले समुदायों के बीच भूमि स्वामित्व में वृद्धि सफलता के प्रमुख संकेतक हैं।

ठाकुर की पहल से सीधे लाभान्वित होने वाले किसानों की आवाजें उनके जीवन पर सकारात्मक प्रभाव का गुणात्मक प्रमाण प्रदान करती हैं। प्रशंसा-पत्र ग्रामीण आबादी के बीच आर्थिक सशक्तीकरण, बढ़ी हुई उत्पादकता और एजेंसी की भावना की कहानियों को दरशाते हैं।

भविष्य की कृषि नीतियों के लिए सबक : प्रगति का एक खाका

ठाकुर के भूमि सुधार और कृषि नीतियाँ भविष्य के नेताओं और नीति-निर्माताओं के लिए मूल्यवान् सबक प्रदान करती हैं, जो कृषि चुनौतियों का समाधान करना चाहते हैं और ग्रामीण विकास को बढ़ावा देना चाहते हैं।

सामाजिक न्याय के प्रति ठाकुर की प्रतिबद्धता ने कृषि नीतियों को तैयार करने में एक मार्गदर्शक सिद्धांत के रूप में कार्य किया। भविष्य के नेता हाशिए पर पड़े समुदायों को प्राथमिकता देने वाली नीतियों की परिवर्तनकारी शक्ति को पहचानते हुए इस दृष्टिकोण से प्रेरणा ले सकते हैं।

भूमि सुधारों को लागू करने में ठाकुर के सामने आने वाली चुनौतियाँ राजनीतिक जटिलताओं से निपटने के महत्त्व को रेखांकित करती हैं। भविष्य के नेता न्यायसंगत भूमि वितरण के आदर्शों के प्रति सच्चे रहते हुए विपक्षी ताकतों को संतुलित करने की उनकी क्षमता से सीख सकते हैं।

□

18

विवाद और आलोचनाएँ : कर्पूरी ठाकुर जाँच के दायरे में

बिहार के मुख्यमंत्री के रूप में कर्पूरी ठाकुर का कार्यकाल न केवल उनकी परिवर्तनकारी नीतियों के लिए प्रशंसा से, बल्कि विवादों और आलोचनाओं से भी चिह्नित था। उनके नेतृत्व की सूक्ष्म समझ, जो प्रशंसा और विरोध दोनों से आकार लेती है, बिहार के सामाजिक-राजनीतिक परिदृश्य पर ठाकुर के प्रभाव के समग्र चित्रण में योगदान देती है।

वैचारिक विवाद : समाजवादी रुख

समाजवादी आदर्शों के प्रति ठाकुर की गहरी प्रतिबद्धता के कारण अकसर उन्हें विरोधी राजनीतिक गुटों और विचारधाराओं के साथ मतभेदों का सामना करना पड़ता था। जिन वैचारिक विवादों का उन्हें सामना करना पड़ा, वे उस कट्टर वैचारिक विभाजन का प्रतिबिंब थे, जो बिहार के राजनीतिक परिदृश्य की विशेषता थी।

ठाकुर के समाजवादी सिद्धांत बिहार में प्रचलित अधिक रूढ़िवादी और मध्यमार्गी विचारधाराओं से टकराए। वैचारिक मतभेद अकसर तीव्र राजनीतिक बहस का कारण बनते थे, ठाकुर समाजवादी मूल्यों के प्रति अपनी प्रतिबद्धता पर दृढ़ थे।

ठाकुर की नीतियों और शासन शैली को दक्षिणपंथी राजनीतिक ताकतों

के कड़े विरोध का सामना करना पड़ा। रूढ़िवादी प्रतिक्रिया विशेष रूप से उनके भूमि सुधारों और सामाजिक न्याय पहल की आलोचनाओं में स्पष्ट थी, जिन्हें राजनीतिक स्पेक्ट्रम के कुछ वर्गों द्वारा कट्टरपंथी माना गया था।

भूमि सुधार विवाद : परिवर्तन का विरोध

ठाकुर के महत्त्वाकांक्षी भूमि सुधारों को, हालाँकि उनकी परिवर्तनकारी क्षमता के लिए मनाया जाता था, भूमि मालिकों और निहित स्वार्थों से महत्त्वपूर्ण प्रतिरोध का सामना करना पड़ा। भूमि पुनर्वितरण से जुड़ा विवाद आलोचना और विरोध का केंद्रबिंदु बन गया।

भूमि पुनर्वितरण की संभावना से भयभीत जमींदार वर्गों ने ठाकुर के भूमि सुधारों का पुरजोर विरोध किया। यह प्रतिरोध लंबे समय से चले आ रहे विशेषाधिकारों की रक्षा करने की इच्छा से उपजा और बिहार में भूमि स्वामित्व की यथास्थिति को चुनौती दी।

यहाँ तक कि ठाकुर की अपनी राजनीतिक पार्टी, जनता दल के भीतर भी भूमि सुधारों के कार्यान्वयन को लेकर आंतरिक असंतोष था। इस राजनीतिक प्रतिक्रिया से निपटने हेतु पार्टी की एकता बनाए रखने के लिए रणनीतिक निर्णय लेने और बातचीत कौशल की आवश्यकता थी।

आरक्षण नीतियाँ : सामाजिक न्याय को संतुलित करना

सामाजिक न्याय के प्रति ठाकुर की प्रतिबद्धता, विशेषकर आरक्षण नीतियों के कार्यान्वयन के माध्यम से, को समर्थन और आलोचना दोनों मिली। हाशिए पर मौजूद समुदायों के उत्थान के उद्देश्य से बनाई गई आरक्षण नीतियों को उन लोगों के विरोध का सामना करना पड़ा, जो उन्हें मौजूदा सत्ता संरचनाओं के लिए खतरा मानते थे।

ठाकुर की आरक्षण नीतियों के आलोचकों ने तर्क दिया कि उन्होंने विपरीत भेदभाव को कायम रखा और असमानताओं के नए रूप पैदा किए। आरक्षण नीतियों के आसपास की बहस ने गहरे स्तरीकृत समाज में सामाजिक न्याय प्राप्त करने की चुनौतियों को रेखांकित किया।

दलितों और पिछड़े वर्गों के अधिकारों के लिए ठाकुर की वकालत की कई लोगों ने सराहना की, लेकिन इसे उन लोगों के विरोध का सामना करना पड़ा, जिन्होंने इसे स्थापित सामाजिक व्यवस्था से विचलन के रूप में देखा। व्यापक सामाजिक ताने-बाने के साथ हाशिए पर मौजूद समूहों के हितों को संतुलित करना एक नाजुक चुनौती पेश करता है।

विविध गठबंधनों का प्रबंधन

बिहार में गठबंधन की राजनीति की जटिलताओं ने ठाकुर को जनता दल के भीतर विविध गठबंधनों के प्रबंधन में चुनौतियों का सामना करना पड़ा। गठबंधन राजनीति की गतिशीलता उनके नेतृत्व के लिए अवसर और आलोचना दोनों लेकर आई।

विविध राजनीतिक गुटों के गठबंधन जनता दल में ठाकुर के नेतृत्व के दौरान आंतरिक कलह देखी गई। पार्टी के भीतर गुटबाजी और सत्ता संघर्ष ने एकता और एकजुट मोर्चा बनाए रखने में चुनौतियाँ पेश कीं।

विभिन्न गठबंधन सहयोगियों के हितों को संतुलित करने की ठाकुर की क्षमता उनकी सरकार की स्थिरता के लिए आवश्यक थी। बिहार में गठबंधन की राजनीति की पेचीदगियों से निपटने के लिए राजनीतिक बातचीत और समझौते अभिन्न अंग थे।

आर्थिक सुधार : कार्यान्वयन की आलोचनाएँ

जबकि ठाकुर के आर्थिक सुधारों का उद्देश्य वृद्धि और विकास को प्रोत्साहित करना था, इन नीतियों के कार्यान्वयन को, संसाधन बाधाओं और बिहार के आर्थिक परिदृश्य पर उनके समग्र प्रभाव से संबंधित आलोचनाओं का सामना करना पड़ा।

सीमित संसाधनों सहित बिहार की आर्थिक चुनौतियों ने ठाकुर के आर्थिक सुधारों के प्रभावी कार्यान्वयन में बाधाएँ उत्पन्न कीं। आलोचनाएँ अकसर इन नीतियों की पूरी क्षमता को साकार करने में कथित सीमाओं के इर्द-गिर्द घूमती हैं।

समाजवादी सिद्धांतों में निहित ठाकुर की आर्थिक नीतियों को अधिक बाजार-उन्मुख दृष्टिकोण की वकालत करने वाले व्यावसायिक हितों के विरोध का सामना करना पड़ा। आर्थिक परिप्रेक्ष्य में वैचारिक टकराव ने ठाकुर के आर्थिक सुधारों की आलोचना में योगदान दिया।

जनता दरबार और जमीनी स्तर पर शासन : मिश्रित स्वागत

शासन के प्रति ठाकुर के अभिनव दृष्टिकोण, जिसका उदाहरण जनता दरबार और जमीनी स्तर पर जुड़ाव है, को प्रशंसा और आलोचना दोनों मिलीं। जबकि इसकी समावेशिता के लिए जश्न मनाया गया, कुछ ने इन पहलों की व्यावहारिकता और प्रभावशीलता पर सवाल उठाया।

मुख्यमंत्री और नागरिकों के बीच सीधे संवाद के लिए एक मंच प्रदान करने वाले 'जनता दरबार' की इसकी पहुँच और जवाबदेही के लिए सराहना की गई। लोगों के बीच रहने की ठाकुर की प्रतिबद्धता को कई लोगों ने सराहा।

आलोचकों ने तर्क दिया कि इस तरह की जमीनी स्तर की पहल को बड़े पैमाने पर लागू करने की व्यावहारिक चुनौतियाँ उनके प्रतीकात्मक महत्त्व से कहीं अधिक हैं। इन कार्यक्रमों की स्थिरता और मापनीयता के बारे में सवाल उठाए गए थे।

संकट प्रबंधन : अशांत समय के दौरान आलोचनाएँ

सामाजिक अशांति या राजनीतिक उथल-पुथल जैसे संकट के समय में ठाकुर के नेतृत्व को जाँच और आलोचनाओं का सामना करना पड़ा। संकटों से निपटना अशांत समय से निपटने की उनकी क्षमता के लिए एक लिटमस टेस्ट बन गया।

जनता दल के भीतर राजनीतिक अशांति और आंतरिक असंतोष की घटनाओं ने ठाकुर की नेतृत्व क्षमताओं का परीक्षण किया। आलोचकों ने इन उदाहरणों को उनकी पार्टी पर नियंत्रण की कमी के संकेत के रूप में इंगित किया और आंतरिक गतिशीलता को प्रबंधित करने की उनकी क्षमता पर सवाल उठाया।

सामाजिक अशांति पर ठाकुर की प्रतिक्रियाओं, विशेष रूप से विरोध या आंदोलन के संदर्भ में, अंतर्निहित मुद्दों को संबोधित करने के लिए उठाए गए उपायों की कथित पर्याप्तता और प्रभावशीलता से संबंधित आलोचनाओं का सामना करना पड़ा।

ठाकुर के नेतृत्व पर विचार

ठाकुर के नेतृत्व पर विविध दृष्टिकोण उनकी राजनीतिक यात्रा की जटिलताओं को दरशाते हैं। समर्थक उन्हें सामाजिक न्याय के चैंपियन और परिवर्तनकारी नेता के रूप में देखते हैं, जबकि आलोचक उनके कार्यकाल के दौरान सामने आए विवादों और चुनौतियों पर प्रकाश डालते हैं।

बिहार के राजनीतिक विमर्श में ठाकुर के नेतृत्व से जुड़े विवादों का जिक्र होता रहता है। उनकी विरासत, प्रशंसा और आलोचना दोनों से आकार लेती है, विश्लेषण और व्याख्या का विषय बनी हुई है।

विवादों और आलोचनाओं के माध्यम से ठाकुर की यात्रा भविष्य के नेताओं को राजनीतिक नेतृत्व की जटिलताओं को समझने के लिए मूल्यवान् सबक प्रदान करती है।

वैचारिक टकराव और आलोचनाओं का सामना करने के बावजूद समाजवादी आदर्शों को बनाए रखने में ठाकुर का लचीलापन, विरोध के बावजूद अपने सिद्धांतों के प्रति सच्चे रहने में एक सबक के रूप में कार्य करता है।

व्यावहारिक शासन : जटिलताओं से निपटना

गठबंधन की राजनीति और आर्थिक सुधारों में ठाकुर को जिन चुनौतियों का सामना करना पड़ा, वे व्यावहारिक शासन के महत्त्व को उजागर करती हैं। राजनीतिक जटिलताओं से निपटना और विविध हितों को संतुलित करना प्रभावी नेतृत्व का अभिन्न अंग है।

'जनता दरबार' और जमीनी स्तर पर शासन की पहल व्यावहारिक विचारों के साथ प्रतीकात्मक इशारों को संतुलित करने के महत्त्व को

रेखांकित करती है। समावेशी शासन के लिए एक सूक्ष्म दृष्टिकोण की आवश्यकता होती है, जो पहुँच और प्रभावशीलता दोनों को संबोधित करता है।

☐

19

लड़ी गई लड़ाइयाँ : कर्पूरी की राजनीतिक चुनौतियाँ

कर्पूरी ठाकुर की राजनीतिक यात्रा को उनकी पार्टी के भीतर और बिहार के व्यापक राजनीतिक मंच पर कई लड़ाइयों से चिह्नित किया गया था। आंतरिक गुटबाजी और गठबंधन की राजनीति से लेकर बाहरी विरोध और संकट प्रबंधन तक, ठाकुर की लड़ाइयों ने बिहार के राजनीतिक परिदृश्य को आकार दिया।

आंतरिक लड़ाइयाँ : गुटबाजी और पार्टी की गतिशीलता

जनता दल के भीतर ठाकुर का नेतृत्व आंतरिक लड़ाई और गुटबाजी से अछूता नहीं था। एक विविध राजनीतिक दल के प्रबंधन की जटिलताओं ने उनके शासन के लिए महत्त्वपूर्ण चुनौतियाँ पेश कीं।

विविध राजनीतिक गुटों के गठबंधन जनता दल में आंतरिक सत्ता संघर्ष देखा गया। ठाकुर के नेतृत्व को भीतर से चुनौतियों का सामना करना पड़ा, जिसमें प्रभुत्व के लिए गुटों की होड़ और पार्टी की गतिशीलता को प्रभावित करना शामिल था।

जनता दल के भीतर नेतृत्व की खींचतान और सत्ता संघर्ष ने असहमति को प्रबंधित करने की ठाकुर की क्षमता का परीक्षण किया। पार्टी की एकता

को बनाए रखते हुए आंतरिक संघर्षों से निपटने के लिए चतुर राजनीतिक कौशल की आवश्यकता होती है।

गठबंधन शासन की चुनौतियाँ

मुख्यमंत्री के रूप में ठाकुर का कार्यकाल गठबंधन की राजनीति के युग के दौरान सामने आया, जो अवसर और चुनौतियाँ दोनों लेकर आया। विविध गठबंधन साझेदारों के प्रबंधन की पेचीदगियों ने शासन में जटिलता की परतें जोड़ दीं।

विविध राजनीतिक विचारधाराओं वाले जनता दल को गठबंधन सहयोगियों के हितों को संतुलित करने के लिए ठाकुर की आवश्यकता थी। अलग-अलग राजनीतिक एजेंडे को प्रबंधित करने की नाजुक कूटनीति एक सतत चुनौती थी।

गठबंधन सरकार को नीतिगत मतभेदों, विशेषकर आर्थिक और सामाजिक विचारधाराओं के बीच बातचीत करनी पड़ी। बिहार के लिए अपने दृष्टिकोण को आगे बढ़ाते हुए सामान्य आधार खोजने की ठाकुर की क्षमता ने स्थिरता बनाए रखने में महत्त्वपूर्ण भूमिका निभाई।

विपक्षी ताकतें : प्रतिद्वंद्वी दलों से चुनौतियाँ

ठाकुर के नेतृत्व को न केवल उनकी पार्टी के भीतर, बल्कि प्रतिद्वंद्वी राजनीतिक ताकतों से भी विरोध का सामना करना पड़ा। विपक्षी दलों द्वारा पेश की गई चुनौतियों ने उनके द्वारा लड़ी गई लड़ाइयों में एक बाहरी आयाम जोड़ दिया।

विपक्षी दलों ने ठाकुर के समाजवादी आदर्शों और परिवर्तनकारी नीतियों के कार्यान्वयन का विरोध किया। वैचारिक मतभेदों ने राजनीतिक टकराव को बढ़ावा दिया, जिसने बिहार के राजनीतिक विमर्श के परिदृश्य को परिभाषित किया।

सार्वजनिक जनादेश के लिए संघर्ष

ठाकुर के नेतृत्व को चुनावी चुनौतियों का सामना करना पड़ा, प्रतिद्वंद्वी पार्टियाँ सार्वजनिक जनादेश के लिए प्रतिस्पर्धा कर रही थीं। चुनावी लड़ाइयों ने उनकी नीतियों की लोकप्रियता और उनके शासन के प्रति जनता की धारणा का परीक्षण किया।

सामाजिक अशांति और आंदोलनों के दौर ने ठाकुर के नेतृत्व के लिए महत्त्वपूर्ण चुनौतियाँ प्रस्तुत कीं। इस अशांत समय का प्रबंधन करने के लिए शिकायतों को दूर करने और कानून एवं व्यवस्था बनाए रखने के बीच एक नाजुक संतुलन की आवश्यकता थी।

सामाजिक अशांति अकसर भूमि, सामाजिक न्याय और आर्थिक असमानताओं से संबंधित गहरी जड़ों वाली शिकायतों से उत्पन्न होती है। सार्थक सुधारों के माध्यम से इन मुद्दों को संबोधित करने में ठाकुर के नेतृत्व का परीक्षण किया गया।

आंदोलन के दौरान कानून एवं व्यवस्था बनाए रखने के लिए रणनीतिक शासन की आवश्यकता होती है। ठाकुर को नागरिकों की सुरक्षा सुनिश्चित करने की जिम्मेदारी के साथ सार्वजनिक असहमति की आवश्यकता को संतुलित करना था।

सीमित राजकोषीय संसाधन : विकास पर प्रभाव

सीमित संसाधनों की विशेषता वाली बिहार की आर्थिक चुनौतियों ने ठाकुर की महत्त्वाकांक्षी नीतियों के कार्यान्वयन में बाधाएँ उत्पन्न कीं। इन आर्थिक बाधाओं से निपटने के लिए रचनात्मक समाधान और रणनीतिक प्राथमिकता की आवश्यकता थी।

ठाकुर के कार्यकाल के दौरान बिहार की आर्थिक सीमाओं ने विकासात्मक परियोजनाओं के पैमाने और गति को प्रभावित किया। सार्थक आर्थिक सुधारों को प्राप्त करने का प्रयास करते समय ठाकुर को इन बाधाओं से निपटना पड़ा।

आर्थिक विकास की अनिवार्यता के साथ सामाजिक कल्याण पहलों को संतुलित करने की चुनौती ने शासन की जटिलताओं को उजागर किया। ठाकुर की नीतियों का लक्ष्य एक संतुलन बनाना है, जिससे हाशिए पर रहने वाले लोगों और समग्र अर्थव्यवस्था, दोनों को लाभ होगा।

राजनीतिक प्रतिक्रिया : विवाद और आलोचनाएँ

ठाकुर का नेतृत्व राजनीतिक प्रतिक्रिया, विवादों और आलोचनाओं से अछूता नहीं था। राजनीतिक मंच पर लड़ी जाने वाली लड़ाइयाँ अकसर परिवर्तनकारी नीतियों के कार्यान्वयन और वैचारिक टकराव के इर्द-गिर्द केंद्रित होती हैं।

भूमि सुधारों के कार्यान्वयन को तीव्र राजनीतिक और सामाजिक प्रतिक्रिया का सामना करना पड़ा, विशेषकर जमींदार वर्गों से। लंबे समय से चले आ रहे विशेषाधिकारों की रक्षा करना ठाकुर के सुधारों का विरोध करने वालों के लिए एक रैली का मुद्दा बन गया।

आरक्षण नीतियों के माध्यम से सामाजिक न्याय के लिए ठाकुर की वकालत को वैचारिक आलोचनाओं का सामना करना पड़ा। आरक्षण के आसपास की बहस ने सिद्धांतों के प्रति सच्चे रहते हुए राजनीतिक परिदृश्य को पार करने की चुनौतियों को रेखांकित किया।

ठाकुर के नेतृत्व की परीक्षा संकट के समय हुई, चाहे वह राजनीतिक अशांति हो, आंतरिक असंतोष हो या आंदोलन हो। संकट प्रबंधन उनकी शासन शैली का एक निर्णायक पहलू बन गया।

जनता दल के भीतर आंतरिक असंतोष और राजनीतिक उथल-पुथल के कारण ठाकुर को मजबूत नेतृत्व का प्रदर्शन करना पड़ा। पार्टी के असंतोष से निपटने और चुनौतियों के सामने स्थिरता बनाए रखने की उनकी क्षमता उनके राजनीतिक कौशल का प्रमाण थी।

सामाजिक आंदोलनों के दौर में शिकायतों के समाधान और कानून एवं व्यवस्था बनाए रखने के बीच सावधानीपूर्वक संतुलन की आवश्यकता होती है। संकट प्रबंधन के प्रति ठाकुर के दृष्टिकोण ने उनके नेतृत्व की धारणा को आकार देने में महत्त्वपूर्ण भूमिका निभाई।

ठाकुर के कार्यकाल के दौरान चुनावी लड़ाइयों ने बिहार के राजनीतिक परिदृश्य को परिभाषित किया। सार्वजनिक जनादेश की तलाश में उनकी परिवर्तनकारी नीतियों के लिए समर्थन सुरक्षित करने के लिए रणनीतिक अभियान और संदेश की आवश्यकता थी।

प्रतिद्वंद्वी नेताओं से मुकाबला

प्रतिद्वंद्वी नेताओं के साथ ठाकुर की लोकप्रियता की प्रतिस्पर्धा चुनावी लड़ाई का अभिन्न अंग बन गई। उनके नेतृत्व और नीतियों के बारे में जनता की धारणा ने चुनावी नतीजों को आकार देने में महत्त्वपूर्ण भूमिका निभाई।

ठाकुर की चुनावी रणनीतियाँ उस समय की राजनीतिक गतिशीलता से प्रभावित थीं। मतपेटी पर लड़ी जाने वाली लड़ाइयों के लिए मतदाता की भावना और रणनीतिक स्थिति की सूक्ष्म समझ की आवश्यकता होती है।

मुख्यमंत्री के रूप में अपने कार्यकाल के दौरान ठाकुर द्वारा लड़ी गई राजनीतिक लड़ाइयों ने बिहार के राजनीतिक विमर्श पर स्थायी प्रभाव छोड़ा। इन लड़ाइयों की विरासत उनके नेतृत्व पर आख्यानों और दृष्टिकोणों को आकार देती रहती है।

ठाकुर द्वारा लड़ी गई राजनीतिक लड़ाइयों ने बिहार की राजनीति के बदलते परिदृश्य में योगदान दिया। समकालीन राजनीतिक चर्चाओं में वैचारिक टकराव, चुनावी रणनीतियों और संकट प्रबंधन की कहानियों का संदर्भ दिया जाना जारी है।

ठाकुर की राजनीतिक चुनौतियाँ भविष्य के नेताओं को शासन और नेतृत्व की जटिलताओं से निपटने के लिए मूल्यवान् सबक प्रदान करती हैं। अपनी पार्टी और व्यापक राजनीतिक परिदृश्य के भीतर विविध हितों को संतुलित करने की ठाकुर की क्षमता रणनीतिक नेतृत्व के महत्त्व को रेखांकित करती है। भविष्य के नेता आंतरिक असंतोष और गठबंधन की गतिशीलता के प्रबंधन के लिए उनके दृष्टिकोण से अंतर्दृष्टि प्राप्त कर सकते हैं।

20

परिवर्तन के वास्तुकार : कर्पूरी के नीतिगत नवाचार

बिहार के मुख्यमंत्री के रूप में कर्पूरी ठाकुर का कार्यकाल नवीन और परिवर्तनकारी नीतिगत पहलों की एक श्रृंखला द्वारा चिह्नित किया गया था। भूमि सुधार से लेकर सामाजिक न्याय पहल, शैक्षिक नीतियों से लेकर आर्थिक रणनीतियों तक, उनके दूरदर्शी दृष्टिकोण ने बिहार के राजनीतिक और विकासात्मक परिदृश्य पर एक अमिट छाप छोड़ी है।

भूमि सुधार : ग्रामीण गरीबों को सशक्त बनाना

कर्पूरी ठाकुर के प्रशासन की आधारशिला नीतियों में से एक भूमि सुधार थी, जिसका उद्देश्य भूमि स्वामित्व, किराएदारी और पुनर्वितरण के मुद्दों को संबोधित करना था। ठाकुर की सरकार ने जमींदारी प्रथा को खत्म करने में महत्त्वपूर्ण भूमिका निभाई। एक ऐसा कदम, जिसका उद्देश्य भूमिहीन किसानों को सशक्त बनाना और भूमि का समान वितरण सुनिश्चित करना था।

कुछ लोगों के हाथों में भूमि के संकेंद्रण को रोकने के लिए ठाकुर ने भूमि जोत पर सीमा लगाने के उपाय पेश किए। बटाईदारों के सामने आने वाली कमजोरियों को पहचानते हुए ठाकुर की सरकार ने उनके अधिकारों की सुरक्षा के लिए किराएदारी सुधार पेश किए।

कर्पूरी ठाकुर सशक्तीकरण के साधन के रूप में शिक्षा के प्रबल समर्थक थे। सामाजिक न्याय के प्रति ठाकुर की प्रतिबद्धता शिक्षा क्षेत्र तक फैली, जहाँ उन्होंने हाशिए पर रहने वाले समुदायों को शैक्षिक अवसरों तक समान पहुँच सुनिश्चित करने के लिए आरक्षण नीतियाँ पेश कीं।

शिक्षा में मजबूत नींव के महत्त्व को पहचानते हुए ठाकुर सरकार ने प्राथमिक शिक्षा के विस्तार की पहल की। शिक्षा में आर्थिक बाधाओं को दूर करने के लिए ठाकुर की सरकार ने छात्रवृत्ति और वित्तीय सहायता कार्यक्रम शुरू किए।

सामाजिक न्याय सुधार

सामाजिक न्याय के प्रति कर्पूरी ठाकुर की प्रतिबद्धता हाशिए पर रहने वाले समुदायों के उत्थान के उद्देश्य से कई नीतिगत उपायों में परिलक्षित हुई। ठाकुर की सरकार ने समाज के सभी वर्गों से प्रतिनिधित्व सुनिश्चित करने के लिए सरकारी नौकरियों में आरक्षण नीतियाँ पेश कीं।

व्यापक आर्थिक सशक्तीकरण की आवश्यकता को पहचानते हुए ठाकुर की सरकार ने हाशिए पर रहने वाले समुदायों को आर्थिक रूप से ऊपर उठाने के लिए कार्यक्रम शुरू किए। ठाकुर के प्रशासन ने स्थानीय शासन में सकारात्मक काररवाई सुनिश्चित करने के लिए कदम उठाए, जिससे हाशिए पर रहने वाले समूहों को निर्णय लेने में भाग लेने का अवसर मिला।

मुख्यमंत्री के रूप में ठाकुर का कार्यकाल महत्त्वपूर्ण आर्थिक चुनौतियों के साथ मेल खाता था और उनकी सरकार ने इन बाधाओं को दूर करने और आर्थिक विकास को बढ़ावा देने के लिए नवीन नीतियाँ पेश कीं।

आर्थिक विविधीकरण की आवश्यकता को पहचानते हुए ठाकुर की सरकार ने कृषि से परे उद्योगों और क्षेत्रों को बढ़ावा देने के उपायों को लागू किया। बुनियादी ढाँचे में निवेश ठाकुर की आर्थिक दृष्टि का एक प्रमुख पहलू था। सड़क निर्माण, ऊर्जा और अन्य महत्त्वपूर्ण क्षेत्रों में पहलों का विश्लेषण सतत आर्थिक विकास के लिए नींव बनाने के प्रयासों में अंतर्दृष्टि प्रदान करता है।

बजटीय बाधाओं से निपटना

ठाकुर को अपने कार्यकाल के दौरान वित्तीय बाधाओं का सामना करना पड़ा और उनकी सरकार ने संसाधनों को प्रभावी ढंग से प्रबंधित करने के लिए नीतियाँ लागू कीं।

बिहार के निवासियों की भलाई के लिए ठाकुर की प्रतिबद्धता स्वास्थ्य सेवा क्षेत्र तक फैली हुई थी। ठाकुर की सरकार ने दूर-दराज के क्षेत्रों में स्वास्थ्य सेवाओं का विस्तार करने के लिए ग्रामीण स्वास्थ्य कार्यक्रम शुरू किए। स्वास्थ्य सेवा के बुनियादी ढाँचे में निवेश करना ठाकुर के प्रशासन की प्राथमिकता थी। ठाकुर की सरकार ने बीमारी की रोकथाम और स्वास्थ्य प्रथाओं के बारे में जागरूकता बढ़ाने के लिए सार्वजनिक स्वास्थ्य अभियान शुरू किया।

प्रशासनिक सुधार

कर्पूरी ठाकुर के शासन की विशेषता प्रशासनिक प्रक्रियाओं को सुव्यवस्थित करना, पारदर्शिता बढ़ाना और सेवा वितरण में सुधार करना था। भ्रष्टाचार से निपटने और पारदर्शिता बढ़ाने के लिए ठाकुर की सरकार ने भ्रष्टाचार विरोधी उपाय पेश किए। ठाकुर के प्रशासन ने पंचायती राज संस्थाओं के माध्यम से शासन के विकेंद्रीकरण की दिशा में काम किया।

कानून एवं व्यवस्था सुनिश्चित करना

कानून और व्यवस्था की चुनौतियों को संबोधित करते हुए ठाकुर की सरकार ने पुलिस विभाग में सुधार पेश किए।

कर्पूरी ठाकुर ने बिहार की समृद्ध सांस्कृतिक विरासत के संरक्षण और प्रचार-प्रसार के महत्त्व को पहचाना। ठाकुर की सरकार ने रचनात्मकता को बढ़ावा देने के लिए साहित्य, कला और सांस्कृतिक कार्यक्रमों के लिए सहायता प्रदान की। बिहार के ऐतिहासिक खजाने को संरक्षित करने की आवश्यकता को पहचानते हुए ठाकुर प्रशासन ने विरासत संरक्षण के लिए

पहल की। सरकार ने बिहार के सांस्कृतिक परिदृश्य की विविधता को प्रदर्शित करने के लिए स्थानीय त्योहारों को बढ़ावा दिया और मनाया।

पर्यावरण संरक्षण

कर्पूरी ठाकुर के शासन में पर्यावरण संरक्षण और सतत विकास पर ध्यान केंद्रित किया गया था। पर्यावरणीय चुनौतियों से निपटने के लिए ठाकुर के प्रशासन ने पुनर्नवीनीकरण कार्यक्रम शुरू किए।

जल-संरक्षण के महत्त्व को पहचानते हुए ठाकुर की सरकार ने सूखे को कम करने और स्वच्छ पानी तक पहुँच सुनिश्चित करने के उपाय लागू किए। पारिस्थितिक संरक्षण के साथ उत्पादकता को संतुलित करने के लिए टिकाऊ कृषि प्रथाओं को बढ़ावा दिया। ठाकुर के शासन में प्रौद्योगिकी को अपनाने के माध्यम से प्रशासनिक प्रक्रियाओं को आधुनिक बनाने के प्रयास देखे गए।

दक्षता बढ़ाना

प्रशासनिक दक्षता बढ़ाने के लिए ठाकुर की सरकार ने सरकारी प्रक्रियाओं के कंप्यूटरीकरण की शुरुआत की। ठाकुर के प्रशासन के लिए दूरसंचार बुनियादी ढाँचे में सुधार एक प्राथमिकता थी। डिजिटल साक्षरता के महत्त्व को पहचानते हुए ठाकुर की सरकार ने तकनीकी विभाजन को पाटने के लिए अनेक कार्यक्रम चलाए।

प्रमुख सामाजिक-आर्थिक संकेतकों पर ठाकुर की नीतियों के प्रभाव की मात्रा निर्धारित करने से उनके शासन के ठोस परिणामों की जानकारी मिलती है। ठाकुर के नीतिगत नवाचारों की विरासत को समकालीन नीतियों और शासन प्रथाओं में खोजा जा सकता है।

21

कर्पूरी की भ्रष्टाचार विरोधी पहल

बिहार के मुख्यमंत्री के रूप में कर्पूरी ठाकुर का कार्यकाल भ्रष्टाचार के खिलाफ दृढ़ रुख वाला था। कानूनी सुधारों से लेकर प्रशासनिक बदलावों, जन जागरूकता अभियानों से लेकर लक्षित अभियानों तक उनकी भ्रष्टाचार विरोधी पहल ने बिहार के शासन पर एक अमिट छाप छोड़ी है।

बिहार में भ्रष्टाचार का संदर्भ : मंच तैयार करना

ठाकुर की भ्रष्टाचार विरोधी पहलों के बारे में गहराई से जानने से पहले उनके कार्यकाल के दौरान बिहार में भ्रष्टाचार के ऐतिहासिक संदर्भ को समझना आवश्यक है।

बिहार में भ्रष्टाचार की गहरी ऐतिहासिक जड़ें थीं, जो राजनीतिक, आर्थिक और सामाजिक संरचनाओं से जुड़ी हुई थीं। ऐतिहासिक संदर्भ का विश्लेषण भ्रष्टाचार की जटिलताओं और इस गहरे बैठे मुद्दे को जड़ से उखाड़ने में ठाकुर की सरकार के सामने आने वाली चुनौतियों के बारे में अंतर्दृष्टि प्रदान करता है।

भ्रष्टाचार विभिन्न रूपों में प्रकट हुआ, जिसमें रिश्वतखोरी, गबन, भाई-भतीजावाद और सरकारी लेन-देन में पारदर्शिता की कमी शामिल है। भ्रष्टाचार के प्रति जनता में असंतोष स्पष्ट था और ठाकुर से प्रणालीगत परिवर्तन लाने की बहुत उम्मीदें थीं।

कर्पूरी ठाकुर ने भ्रष्टाचार से निपटने के लिए एक व्यापक दृष्टिकोण अपनाया, जिसमें कानूनी सुधार, प्रशासनिक उपाय और जन-जागरूकता अभियान शामिल थे। ठाकुर की सरकार ने भ्रष्टाचार विरोधी ढाँचे को मजबूत करने के लिए कानूनी सुधार पेश किए। विधायी परिवर्तनों, संशोधनों और नए कानूनों का विश्लेषण भ्रष्टाचार से निपटने के लिए एक मजबूत कानूनी बुनियादी ढाँचा बनाने की प्रतिबद्धता पर प्रकाश डालता है।

भ्रष्टाचार के खिलाफ लड़ाई में समर्पित प्रयासों को सुनिश्चित करने के लिए ठाकुर के प्रशासन ने भ्रष्टाचार विरोधी निकायों की स्थापना की। यह अनुभाग इन निकायों के निर्माण, संरचना और कार्यों की जाँच करता है, जिसमें भ्रष्टाचार के मामलों की जाँच और मुकदमा चलाने में उनकी भूमिका भी शामिल है।

पारदर्शिता को प्रोत्साहित करना

पारदर्शिता को बढ़ावा देने में व्हिसलब्लोअर संरक्षण के महत्त्व को पहचानते हुए ठाकुर की सरकार ने भ्रष्टाचार को उजागर करने के लिए आगे आने वालों की सुरक्षा के लिए उपाय पेश किए। व्हिसलब्लोअर सुरक्षा के प्रावधानों, प्रभावशीलता और चुनौतियों का विश्लेषण जवाबदेही को प्रोत्साहित करने के प्रयासों पर प्रकाश डालता है।

कानूनी सुधारों के अलावा, ठाकुर ने शासन प्रक्रियाओं को सुव्यवस्थित करने, नौकरशाही बाधाओं को कम करने और पारदर्शिता बढ़ाने के लिए प्रशासनिक उपायों को लागू किया।

खरीद प्रक्रियाओं को सुव्यवस्थित करना

खरीद प्रक्रियाओं में भ्रष्टाचार को अकसर उपजाऊ जमीन मिल जाती है। ठाकुर के प्रशासन ने खरीद को सुव्यवस्थित करने, नौकरशाही देरी को कम करने और भ्रष्टाचार के अवसरों को कम करने के उपाय पेश किए। खरीद नीतियों में बदलावों की जाँच से दक्षता और जवाबदेही बढ़ाने के प्रयासों के बारे में जानकारी मिलती है।

जमीनी स्तर पर भ्रष्टाचार को कम करने के लिए ठाकुर की सरकार ने नागरिक सेवा केंद्रों की स्थापना की। जन जागरूकता ठाकुर की भ्रष्टाचार विरोधी रणनीति का एक महत्त्वपूर्ण घटक थी।

ठाकुर के प्रशासन ने जनता को भ्रष्टाचार के हानिकारक प्रभावों के बारे में शिक्षित करने के लिए सूचना प्रसार को प्राथमिकता दी। भ्रष्टाचार के खिलाफ लड़ाई में नागरिक समाज की भूमिका को पहचानते हुए ठाकुर की सरकार ने गैर–सरकारी संगठनों और सामुदायिक समूहों के साथ सहयोग किया।

भ्रष्टाचार से निपटने हेतु नीचे से ऊपर का दृष्टिकोण सुनिश्चित करने के लिए, ठाकुर के प्रशासन ने सामुदायिक सहभागिता कार्यक्रम शुरू किए। ठाकुर की सरकार ने उन विशिष्ट क्षेत्रों या क्षेत्रों को लक्षित करने के लिए विशेष भ्रष्टाचार विरोधी अभियान चलाए, जहाँ भ्रष्टाचार विशेष रूप से व्याप्त था।

जवाबदेही पर ध्यान

ठाकुर के भ्रष्टाचार विरोधी अभियानों ने भ्रष्टाचार को जड़ से खत्म करने और जवाबदेही बढ़ाने के लिए अकसर सरकारी विभागों को निशाना बनाया। सार्वजनिक सेवाएँ भ्रष्टाचार विरोधी पहल का केंद्रबिंदु थीं और ठाकुर की सरकार ने भ्रष्ट आचरण पर काररवाई शुरू की।

सार्वजनिक बुनियादी ढाँचा परियोजनाओं में भ्रष्टाचार एक महत्त्वपूर्ण चुनौती थी और ठाकुर के प्रशासन ने विशेष भ्रष्टाचार विरोधी अभियान के लिए इस क्षेत्र को लक्षित किया।

राजनीतिक प्रतिरोध : प्रतिद्वंद्विता और प्रतिवाद

ठाकुर की भ्रष्टाचार विरोधी पहल को निहित स्वार्थों से राजनीतिक प्रतिरोध का सामना करना पड़ा। नौकरशाही के भीतर से विरोध ने भ्रष्टाचार विरोधी उपायों के कार्यान्वयन में चुनौतियाँ पैदा कीं। भ्रष्टाचार विरोधी परिदृश्य में तीव्र और परिवर्तनकारी बदलावों के लिए जनता की उच्च अपेक्षाओं ने ठाकुर की सरकार के लिए चुनौतियाँ खड़ी कर दीं।

कर्पूरी ठाकुर की भ्रष्टाचार विरोधी पहल के प्रभाव का आकलन करने के लिए उनके परिणामों, दीर्घकालिक प्रभावों और स्थायी विरासत के व्यापक मूल्यांकन की आवश्यकता है।

ठाकुर की भ्रष्टाचार विरोधी पहल के प्रभाव को मापने में भ्रष्टाचार के मामलों, दोषसिद्धि और अनुशासनात्मक कारवाइयों की संख्या पर डाटा का विश्लेषण करना शामिल है।

सार्वजनिक धारणा सर्वेक्षण सरकारी संस्थानों में विश्वास पर भ्रष्टाचार विरोधी प्रयासों के प्रभाव का गुणात्मक मूल्यांकन प्रस्तुत करते हैं। ठाकुर की भ्रष्टाचार विरोधी पहल की विरासत को समकालीन नीतियों और शासन प्रथाओं में खोजा जा सकता है।

□

22

कर्पूरी ठाकुर के अंतिम दिन और मृत्यु

जैसे ही शरद ऋतु का सूरज क्षितिज से नीचे डूबा, बिहार के परिदृश्य पर लंबी छाया डाली, इसने इसके सबसे प्रतिष्ठित राजनीतिक व्यक्तित्वों में से एक—कर्पूरी ठाकुर के अंत की शुरुआत भी चिह्नित की। एक समय ऊर्जावान और गतिशील नेता, जिन्होंने मुख्यमंत्री के रूप में बिहार की बागडोर सँभाली थी, अब समय की मार और खराब स्वास्थ्य से जूझते हुए पटना में अपने आवास के शांत गलियारों तक ही सीमित थे।

इन्हीं अंतिम दिनों में कर्पूरी ठाकुर के जीवन का सार लोगों की सेवा के प्रति लचीलेपन और अटूट प्रतिबद्धता की एक मार्मिक कथा में बदल गया। उनकी राजनीतिक यात्रा की गूँज उनके साधारण घर की दीवारों से होकर गुजरती थी, जहाँ उन्होंने अनगिनत घंटे रणनीति बनाने, बहस करने और एक बेहतर बिहार की कल्पना करने में बिताए थे।

इस अवधि में कई महीनों तक कर्पूरी ठाकुर का स्वास्थ्य चिंता का कारण बना रहा। उनका एक बार मजबूत शरीर सूख गया था और उनकी ट्रेडमार्क सफेद धोती एवं कुरता उनके कमजोर रूप पर ढीले ढंग से लटक रहे थे। उनकी आँखों की थकान लड़ी गई लड़ाइयों, हासिल की गई जीतों और अभी भी बनी चुनौतियों की कहानी बयाँ कर रही थी। उनका परिवार, उनके गिरते स्वास्थ्य से अच्छी तरह वाकिफ था, अटूट समर्थन के साथ उनके साथ खड़ा था, हर दिन अपरिहार्य की मार्मिक याद दिलाता था।

वह कमरा जहाँ उन्होंने अपना अधिकांश समय बिताया था, उनके राजनीतिक जीवन के मील के पत्थर को कैद करने वाली तसवीरों से सजाया गया था। भीड़ भरी रैलियों से लेकर चिंतन के शांत क्षणों तक, प्रत्येक फ्रेम में एक ऐसे व्यक्ति का सार समाहित है, जो मामूली शुरुआत से उठकर जनता की आवाज बन गया था। दीवारें एक ऐसे नेता की कहानियाँ फुसफुसाती हुई प्रतीत हुईं, जिन्होंने सामाजिक न्याय की वकालत की थी, हाशिए पर पड़े लोगों के हितों की वकालत की थी और एक ऐसी विरासत लिखी थी, जो समय की कसौटी पर खरी उतरेगी।

उन आखिरी दिनों में कर्पूरी ठाकुर की दिनचर्या उनके पूर्ववर्ती हलचल भरे राजनीतिक जीवन का एक धीमा संस्करण थी। एक समय भीड़-भाड़ वाले बैठक कक्षों और जीवंत राजनीतिक चर्चाओं की जगह शांत बातचीत और शुभचिंतकों की यदा-कदा मुलाकात ने ले ली है। उनका परिवार बारी-बारी से उनके पास बैठता था, अतीत के किस्से सुनाता था, हँसी-मजाक करता था और कभी-कभी हवा में छाई मार्मिक खामोशी को गले लगाता था।

अपनी शारीरिक कमजोरी के बावजूद कर्पूरी ठाकुर के भीतर दृढ़ विश्वास की आग अभी भी प्रज्वलित थी। उम्र बढ़ने के बावजूद उनका दिमाग तेज और बोधगम्य बना रहा। उन्होंने बिहार राज्य और उसके लोगों के लिए चिंता व्यक्त करना जारी रखा, उनसे मार्गदर्शन चाहने वालों के साथ राजनीतिक विकास पर चर्चा की। उनके विचार अनुभव और ज्ञान का मिश्रण थे, जो सार्वजनिक सेवा के लिए समर्पित जीवन भर का प्रमाण थे।

अपने घर की शांति के बीच, कर्पूरी ठाकुर को उन आदर्शों को फिर से याद करने में सांत्वना मिली, जिन्होंने उनकी राजनीतिक यात्रा को गति दी थी। उन्होंने अपने शुरुआती वर्षों के संघर्षों, उनके द्वारा चलाए गए आंदोलनों और लोगों के कल्याण के लिए लागू की गई नीतियों पर विचार किया। सामाजिक न्याय के प्रति उनकी प्रतिबद्धता, जिसका उदाहरण आर्थिक रूप से पिछड़े वर्गों के लिए आरक्षण नीति का कार्यान्वयन है, उनकी विरासत की आधारशिला बनी रही।

माहौल पुरानी यादों से भरा हुआ था, क्योंकि सहयोगी और विरोधी दोनों ही राजनीतिक नेता उन्हें श्रद्धांजलि देने के लिए उनके पास आए। उन्होंने बिहार के राजनीतिक परिदृश्य पर उनके द्वारा डाले गए गहरे प्रभाव और लोगों के दिलों पर छोड़ी गई अमिट छाप को स्वीकार किया। जब उन्होंने उनसे बातचीत की तो कर्पूरी ठाकुर विनम्रता की प्रतिमूर्ति बने रहे। उन्होंने उस सामूहिक प्रयास को स्वीकार किया, जिसने उनके राजनीतिक जीवन की दिशा को आकार दिया था।

कर्पूरी ठाकुर की देखभाल करने वाली मेडिकल टीम ने उनकी पीड़ा को कम करने के लिए पूरी लगन से काम किया, लेकिन समय की कठोर मार ने उन पर असर डाला। शारीरिक दर्द स्पष्ट था, फिर भी उन्होंने इसे एक स्थिर अनुग्रह के साथ सहन किया, जो उनके नश्वर शरीर की सीमाओं को पार कर गया। एक अनुभवी नेता की आभा, अपने भौतिक स्वरूप की सीमाओं से विचलित हुए बिना, उनसे निकलती रही।

ये शामें शायद कर्पूरी ठाकुर के अंतिम दिनों के सबसे चिंतनशील क्षण थे। जैसे ही सूरज ढलता, पटना शहर पर गरम चमक बिखेरता, वह अकसर खिड़की के पास बैठकर आकाश के बदलते रंग को देखता रहता। इन्हीं क्षणों के दौरान उनका मन दशकों तक चली यात्रा के चरणों को याद करते हुए समय की गहराइयों में भटकता हुआ प्रतीत हुआ।

उनके परिवार ने इन मौन विचारों की गहनता को समझते हुए, एकांत की उनकी आवश्यकता का सम्मान किया। उन्होंने दूर से देखा, जब वे खुद को यादों के जाल में डुबा रहे थे—जीतें, असफलताएँ, गठबंधन और वैचारिक लड़ाइयाँ, जिन्होंने उनके राजनीतिक कॅरियर को परिभाषित किया था। ऐसा लग रहा था, जैसे वह अपने जीवन के प्रत्येक अध्याय को अलविदा कह रहा था, उन अनुभवों की पच्चीकारी में समापन पा रहा था, जिसने उसे आकार दिया था।

इन चिंतन के बीच कर्पूरी ठाकुर को बिहार की जनता से समर्थन के संदेश मिलते रहे। पत्र, कार्ड और शुभकामना वाले नोट आने लगे, जिनमें

से प्रत्येक में उस व्यक्ति के प्रति कृतज्ञता और प्रशंसा की भावना थी, जिसने अपना जीवन राज्य की सेवा में समर्पित कर दिया था। स्नेह का प्रवाह अनगिनत व्यक्तियों के जीवन पर उनके द्वारा डाले गए गहरे प्रभाव की मार्मिक याद दिलाता है।

जैसे-जैसे दिन बीतते गए, स्थिति की अपरिहार्यता अधिकाधिक स्पष्ट होती गई। एक समय का जीवंत नेता अब अपने बिस्तर तक ही सीमित था, अपने परिवार के प्यार और देखभाल से घिरा हुआ था। उसकी साँसें, परिश्रमपूर्वक, फिर भी लयबद्ध, अन्यथा शांत कमरे में गूँज रही थीं। जीवन की टिमटिमाती लौ उसकी चेतना के अंतराल में चमकती यादों के साथ तालमेल बिठाकर नृत्य करती हुई प्रतीत होती थी।

17 फरवरी, 1988 की ये एक शांत, चाँदनी रात थी, जब कर्पूरी ठाकुर ने अंतिम साँस ली। उनके निधन की खबर से पूरे बिहार और उसके बाहर शोक की लहर फैल गई, क्योंकि राज्य ने एक दिग्गज नेता को खो दिया था। उनके पार्थिव शरीर पर लगा हुआ तिरंगा झंडा उस व्यक्ति को एक प्रतीकात्मक श्रद्धांजलि है, जिसने अपना जीवन राष्ट्र की सेवा में समर्पित कर दिया था।

इसके बाद जो अंतिम अंतिम यात्रा निकली , वह बहुत ही गमगीन थी, जिसमें सभी क्षेत्रों के लोग अपने प्रिय नेता को विदाई देने के लिए एकत्र हुए थे। पटना की सड़कें शोक मनाने वालों से भरी हुई थीं, उनके चेहरे पर नुकसान की सामूहिक भावना झलक रही थी। जो नारे कभी कर्पूरी ठाकुर के समर्थन में गूँजते थे, वे अब विदाई के समवेत स्वर में बदल गए, जो एक युग के अंत की मार्मिक स्वीकृति थे।

हालाँकि, कर्पूरी ठाकुर की विरासत नश्वर क्षेत्र तक ही सीमित नहीं थी। यह उन नीतियों में जीवित रही, जिन्होंने बिहार के सामाजिक-राजनीतिक परिदृश्य को नया आकार दिया था, उन लोगों के दिलों में, जिन्हें उनके नेतृत्व के माध्यम से आवाज मिली थी और भारतीय राजनीतिक इतिहास में उनके अंतिम दिन एक उल्लेखनीय यात्रा के समापन को चिह्नित कर सकते हैं,

लेकिन उन्होंने जो प्रभाव डाला, वह सैद्धांतिक नेतृत्व की स्थायी शक्ति के प्रमाण के रूप में कायम रहा।

कर्पूरी ठाकुर के निधन के बाद बिहार एक ऐसे खालीपन से जूझ रहा था, जिसे दूर करना असंभव लग रहा था। उनके राजनीतिक समकालीनों और उत्तराधिकारियों ने सामाजिक न्याय और समावेशी शासन की जो मशाल जलाई थी, उसे आगे बढ़ाने की आवश्यकता को पहचानते हुए आगे की चुनौतियों को स्वीकार किया। उनके आदर्शों की गूँज सत्ता के गलियारों में गूँजती रही, जो सार्वजनिक सेवा के साथ आने वाली जिम्मेदारी की निरंतर याद दिलाती रही है।

□

23

कर्पूरी ठाकुर : महत्त्वपूर्ण मील के पत्थर

लचीलेपन, समर्पण और सामाजिक न्याय की निरंतर खोज से चिह्नित कर्पूरी ठाकुर की जीवन-यात्रा कई मील के पत्थर से भरी हुई थी, जिसने बिहार के राजनीतिक परिदृश्य को आकार दिया। उनकी उल्लेखनीय यात्रा में प्रत्येक कदम ने समाज की बेहतरी के प्रति प्रतिबद्धता को प्रतिबिंबित किया और लोगों के दिलों पर एक अमिट छाप छोड़ी।

पितौंझिया में विनम्र शुरुआत

कर्पूरी ठाकुर का जन्म बिहार के छोटे से गाँव पितौंझिया में हुआ। उनकी विनम्र उत्पत्ति ने वंचितों के उत्थान के लिए समर्पित जीवन के लिए मंच तैयार किया। मामूली साधनों वाले परिवार में पले-बढ़े ठाकुर ने कड़ी मेहनत, विनम्रता और सहानुभूति के मूल्यों को आत्मसात् किया, जो बाद में उनके राजनीतिक कॅरियर के मार्गदर्शक सिद्धांत बन गए।

शैक्षिक उद्देश्य और प्रारंभिक सक्रियता

वित्तीय बाधाओं के बावजूद ठाकुर ने तीव्र बुद्धि और ज्ञान की प्यास का प्रदर्शन किया। उन्होंने अपनी शिक्षा के दौरान सामाजिक मुद्दों में रुचि विकसित की। इन प्रारंभिक वर्षों के दौरान वह छात्र राजनीति में सक्रिय रूप से शामिल हो गए और सार्वजनिक सेवा के प्रति आजीवन प्रतिबद्धता की नींव रखी।

जे.पी. आंदोलन में नेतृत्व

1970 के दशक में जे.पी. (जयप्रकाश नारायण) आंदोलन के आगमन के साथ भारतीय राजनीति में एक भूकंपीय बदलाव देखा गया। भ्रष्टाचार के अंत, लोकतंत्र की स्थापना और सामाजिक न्याय को बढ़ावा देने की वकालत करने वाले इस जन आंदोलन में कर्पूरी ठाकुर एक प्रमुख नेता के रूप में उभरे। आंदोलन में उनकी भूमिका ने उन्हें राष्ट्रीय सुर्खियों में ला दिया, जिससे उन्हें 'जननायक' उपनाम मिला।

बिहार के मुख्यमंत्री—एक ऐतिहासिक क्षण

1977 में जे.पी. आंदोलन की लहर पर सवार होकर कर्पूरी ठाकुर ने बिहार के मुख्यमंत्री का पद सँभाला। यह उनके कॅरियर में एक ऐतिहासिक क्षण था, क्योंकि वे इस सम्मानित पद को सँभालने वाले पिछड़ी जाति के पहले नेता बने। उनके कार्यकाल की विशेषता साहसिक और परिवर्तनकारी नीतियों की थी, जिसका उद्‌देश्य समाज के हाशिए पर मौजूद वर्गों का उत्थान करना था।

आर्थिक रूप से पिछड़े वर्गों के लिए आरक्षण

मुख्यमंत्री के रूप में ठाकुर के कार्यकाल के निर्णायक क्षणों में से एक आर्थिक रूप से पिछड़े वर्गों के लिए आरक्षण का कार्यान्वयन था। एक अग्रणी कदम में, उन्होंने जातिगत विचारों से परे सकारात्मक काररवाई के दायरे का विस्तार किया तथा यह सुनिश्चित किया कि गंभीर आर्थिक परिस्थितियों में भी अवसरों तक पहुँच हो। इस अभूतपूर्व नीति का उद्‌देश्य एक अधिक न्यायसंगत समाज बनाना है और यह ठाकुर की विरासत की आधारशिला बनी हुई है।

गरीब समर्थक नीतियों के प्रति प्रतिबद्धता

गरीबों के कल्याण के प्रति ठाकुर की प्रतिबद्धता उनकी गरीब-समर्थक नीतियों की शुरुआत से और अधिक रेखांकित हुई। भूमि सुधार से लेकर

ग्रामीण इलाकों में स्कूलों और अस्पतालों की स्थापना तक, उनके कार्यकाल में बिहार में व्याप्त सामाजिक-आर्थिक असमानताओं को दूर करने के उद्देश्य से कई कदम उठाए गए। ठाकुर के प्रशासन ने विशेषाधिकार प्राप्त और वंचितों के बीच की खाई को पाटने के लिए अथक प्रयास किया।

नैतिक आधार पर इस्तीफा

नैतिक दृढ़ता का एक दुर्लभ प्रदर्शन करते हुए कर्पूरी ठाकुर ने पार्टी के भीतर मतभेदों और कुछ सहयोगियों द्वारा विश्वासघात की भावना का हवाला देते हुए 1979 में मुख्यमंत्री पद से इस्तीफा दे दिया। इस फैसले से जहाँ कई लोगों को आश्चर्य हुआ, वहीं सत्ता से ज्यादा सिद्धांतों के प्रति ठाकुर की अटूट प्रतिबद्धता का पता चला। इस घटना ने बिहार के राजनीतिक परिदृश्य पर एक स्थायी छाप छोड़ी, जिससे ईमानदारी से निर्देशित नेता के रूप में उनकी प्रतिष्ठा मजबूत हुई।

हिंदी की वकालत

कर्पूरी ठाकुर हिंदी को राष्ट्रभाषा के रूप में बढ़ावा देने के प्रबल समर्थक थे। उनका मानना था कि हिंदी का व्यापक उपयोग भाषाई विभाजन को पाट देगा और भारत की विविध आबादी के बीच एकता की भावना को बढ़ावा देगा। शिक्षा और प्रशासन के माध्यम के रूप में हिंदी को लोकप्रिय बनाने के उनके प्रयास भाषाई रूप से एकीकृत राष्ट्र के उनके दृष्टिकोण को दरशाते हैं।

शिक्षा में विरासत

सशक्तीकरण के एक उपकरण के रूप में शिक्षा के प्रति ठाकुर की प्रतिबद्धता शैक्षिक अवसरों के विस्तार के उनके प्रयासों में प्रकट हुई। उनके नेतृत्व में बिहार में, विशेषकर ग्रामीण क्षेत्रों में शिक्षा की गुणवत्ता में सुधार के लिए पहल शुरू की गई। स्कूलों और कॉलेजों की स्थापना की गई, जिससे एक अधिक साक्षर और प्रबुद्ध समाज की नींव रखी गई।

अंतिम वर्ष और स्थायी विरासत

जैसे–जैसे साल बीतता गया, कर्पूरी ठाकुर का स्वास्थ्य गिरने लगा। हालाँकि, अपने बाद के वर्षों में भी, वे एक प्रभावशाली व्यक्ति बने रहे, उनकी बुद्धिमत्ता और अंतर्दृष्टि के लिए उनकी माँग की गई। 1988 में उनके निधन से एक युग का अंत हो गया, लेकिन उनकी विरासत उन लोगों के दिलों में गूँजती रही, जो न्यायपूर्ण और न्यायसंगत समाज के लिए उनके दृष्टिकोण से प्रभावित थे।

मरणोपरांत मान्यता

उनके अपार योगदान को देखते हुए विभिन्न संस्थानों और पुरस्कारों का नाम कर्पूरी ठाकुर के नाम पर रखा गया है। ये उस व्यक्ति की सतत याद दिलाते हैं, जिसने अपना जीवन लोगों की सेवा और हाशिए पर पड़े लोगों के उत्थान के लिए समर्पित कर दिया।

इन मील के पत्थरों को सारांशित करने पर यह स्पष्ट हो जाता है कि कर्पूरी ठाकुर का जीवन केवल एक कालानुक्रमिक प्रगति नहीं थी, बल्कि करुणा, साहस और न्याय की निरंतर खोज के धागों से बुनी गई एक कथा थी। विजयों और चुनौतियों से भरी उनकी यात्रा, भावी पीढ़ियों के लिए प्रेरणा के एक स्थायी स्रोत के रूप में कार्य करती है, जो उन्हें सैद्धांतिक नेतृत्व की परिवर्तनकारी शक्ति की याद दिलाती है। इन महत्त्वपूर्ण मील के पत्थरों पर आधारित यह अध्याय एक ऐसे व्यक्ति के सार को पकड़ने का प्रयास करता है, जिसकी जीवन-कहानी बिहार के राजनीतिक इतिहास के गलियारों में गूँजती रहती है।

□

24

समाजवाद के सच्चे प्रहरी

कर्पूरी ठाकुर 'भारत छोड़ो आंदोलन' के दौरान 26 महीने जेल में रहे। सरल और सादगीपूर्ण जीवन जीने के साथ ही वे ओजस्वी वक्ता और दूरदर्शी राजनेता थे, जिसने लोकप्रिय बनाने के साथ ही बिहार की राजनीति के शिखर तक पहुँचाया। उनके गाँव समस्तीपुर के पितौंझिया का नाम अब 'कर्पूरी ग्राम' हो गया है।

यह वह दौर था, जब बिहार में होने वाले चुनावों में धनबल और बाहुबल का प्रयोग खुलेआम होता था। कर्पूरी इसका विरोध करते रहे। वे हमेशा ईमानदार और स्वच्छ छवि के उम्मीदवारों को ही टिकट देने के पक्षधर रहे।

साल 1985 का एक किस्सा है। प्रजातांत्रिक पद्धति के अंतर्गत लोकदल में पार्टी के संसदीय बोर्ड को चुनाव में उम्मीदवारों को टिकट बँटवारे की खुली छूट थी। जागेश्वर मंडल संसदीय बोर्ड के अध्यक्ष थे। केंद्रीय नेतृत्व ने राजनारायण को प्रभारी बनाकर पटना भेजा था। संसदीय बोर्ड ने कर्पूरी ठाकुर को समस्तीपुर से और उनके बेटे रामनाथ ठाकुर को कल्याणपुर क्षेत्र से उम्मीदवार बनाया था। जब कर्पूरी को इसकी भनक लगी, तब तक राज नारायण दिल्ली जाने के लिए हवाई जहाज में बैठ चुके थे। कर्पूरी किसी तरह हवाई जहाज तक पहुँचे और राजनारायण से उम्मीदवारों की सूची दिखाने का आग्रह किया। सूची में अपने बेटे का नाम देख वह भड़क गए और सूची से अपना नाम काटकर लिख दिया कि वे चुनाव लड़ने को

समाजवाद के सच्चे प्रहरी

इच्छुक नहीं हैं। इस घटना के बाद पार्टी में हड़कंप मच गया। सभी लोग दौड़े-दौड़े कर्पूरी के पास पहुँचे और उनसे चुनाव लड़ने का अनुरोध किया। सभी ने कहा कि रामनाथ वर्षों से राजनीति में हैं और पार्टी की सेवा कर रहे हैं। कर्पूरी ने कहा कि वे किसी भी तरह से राजनीति में वंशवाद को बढ़ावा नहीं देना चाहते। आखिरकार पार्टी के वरीय नेताओं ने रामनाथ ठाकुर की कल्याणपुर से उम्मीदवारी खत्म की, तब जाकर कर्पूरी चुनाव लड़ने को तैयार हुए और जीत हासिल की।

बिहार के नाई परिवार में जनमे ठाकुर अखिल भारतीय छात्र संघ में रहे। लोकनायक जयप्रकाश नारायण व समाजवादी चिंतक डॉ. राम मनोहर लोहिया इनके राजनीतिक गुरु थे। लोकतंत्र, धर्मनिरपेक्षता, नागरिक स्वतंत्रता, मानवाधिकार जैसे मूलभूत आधुनिक मूल्यों के प्रति उनकी गहरी प्रतिबद्धता थी। सादगी और अपने पद का अपने परिवार और मित्रों के लिए किंचित् भी फायदा नहीं उठाने की उनकी खूबी उनके स्वाभिमानी व्यक्तित्व के अलावा गांधीवादी-समाजवादी धारा से भी जुड़ी थी।

प्रतिबद्ध समाजवादी होने के नाते उन्होंने हमेशा वंचित समूहों को आगे लाने का प्रयास किया, लेकिन वे खुद को पूरे बिहार की जनता का प्रतिनिधि मानते थे। उनकी 'छोटी' जाति सहित बहुत सी बाधाएँ उनके रास्ते में आती रहीं, लेकिन उन्होंने अपने राजनीतिक संघर्ष और विचारधारात्मक प्रतिबद्धता से उन बाधाओं का मुकाबला किया। कभी सांप्रदायिक जातिवाद और जातिवादी अस्मितावाद का सहारा नहीं लिया। लिहाजा, वे किसी जाति-विशेष के नेता नहीं, 'जननायक' के रूप में प्रतिष्ठित हुए।

कर्पूरी ठाकुर बहुमुखी प्रतिभा के धनी नेता थे। वे जितना राजनीति और समाजवादी विचारधारा में पैठे थे, उतने ही साहित्य, कला और संस्कृति में भी जानकार बताते हैं कि हर सफर में अकसर किताबों से भरा बस्ता उनके साथ होता था। उनका अपना प्रशिक्षण समाजवादी विचारधारा में हुआ था। हालाँकि फुले, आंबेडकर और पेरियार समेत सभी परिवर्तनकारी विचारों को वे आत्मसात् करके चलते थे।

स्वतंत्रता संघर्ष के दौरान खुद कर्पूरी ठाकुर ने 'हम सोए वतन को जगाने चले हैं' शीर्षक कविता लिखी थी—

हम सोए वतन को जगाने चले हैं
हम मुर्दा दिलों को जिलाने चले हैं।
गरीबों को रोटी न देती हुकूमत,
जालिमों से लोहा बजाने चले हैं।
हमें और ज्यादा न छेड़ो, ए जालिम!
मिटा देंगे जुल्म के ये सारे नजारे।
या मिटने को खुद हम दीवाने चले हैं,
हम सोए वतन को जगाने चले हैं।

यह कविता एक समय समाजवादी आंदोलन के संघर्ष में 'प्रभात फेरी' का गीत बन गई थी। यह कविता भी बताती है कि कर्पूरी ठाकुर वंचित-शोषित समूहों के नेता थे। डॉ. लोहिया की यह स्थापना कि जातियाँ शिथिल होकर वर्गों में परिणत हो जाती हैं और वर्ग संघटित होकर जातियों का रूप धारण कर लेते हैं, कर्पूरी ठाकुर की जाति और वर्ग के सवाल की समझ को व्यावहारिक स्तर पर निर्देशित करती है।

कुछ प्रेरक संस्मरण

एक मुख्यमंत्री कितना अमीर हो सकता है? सोच में पड़ जाएँगे, क्योंकि इसकी सीमा नहीं है। खैर, इस सवाल को छोड़िए, ये बताइए कि एक मुख्यमंत्री कितना गरीब हो सकता है? मुख्यमंत्री और भला गरीब? फिर से सोच में पड़ गए न? क्या वह इतना गरीब हो सकता है कि अपनी एक गाड़ी न हो? गाड़ी छोड़िए, मुख्यमंत्री रहते हुए अपना एक ढंग का मकान न बनवा पाए! और तो और, उसके पास पहनने को ढंग के कपड़े न हों!

'जननायक' नाम उन्हें ऐसे ही नहीं दिया गया। सादगी के पर्याय और सिद्धांतों की प्रतिमूर्ति कर्पूरी ठाकुर की बात हो रही है। वही कर्पूरी ठाकुर, जो बिहार के दूसरे डिप्टी सी.एम. यानी उपमुख्यमंत्री रहे और फिर दो बार

मुख्यमंत्री रहे। एक शिक्षक, एक राजनेता, एक स्वतंत्रता सेनानी वगैरह। लेकिन उनकी असली पहचान थी 'जननायक' की।

प्रधानमंत्री रहते चौधरी चरण सिंह उनके घर गए तो दरवाजे से सिर में चोट लग गई। कहा, "कर्पूरी, इसको जरा ऊँचा करवाओ।" तो कर्पूरी बोले, "जब तक बिहार के गरीबों का घर नहीं बन जाता, मेरा घर बन जाने से क्या होगा?"

उनकी सादगी के किस्से जानकर आज भी लोगों की आँखों में आँसू आ जाते हैं। ऐसा समाजवाद अब कहाँ? बड़े-बड़े राजनेता उनकी दयनीय स्थिति के बारे में जानकर रो पड़ते थे।

फटा कोट पहनकर विदेश

जब 1952 में कर्पूरी ठाकुर पहली बार विधायक बने, उन्हीं दिनों ऑस्ट्रिया जाने वाले एक प्रतिनिधिमंडल में उनका चयन हुआ। लेकिन उनके पास पहनने को कोट नहीं था।

दोस्त से कोट माँगा तो वह भी फटा हुआ मिला। कर्पूरी वही कोट पहनकर चले गए। वहाँ यूगोस्लाविया के प्रमुख मार्शल टीटो ने जब फटा कोट देखा तो उन्हें नया कोट गिफ्ट किया। आज तो आदमी की पहचान ही उसके कपड़ों से की जाने लगी है।

जीप माँगने पर तंज

कर्पूरी ठाकुर अपनी सादगी के लिए चर्चित थे। दो बार मुख्यमंत्री रहने के बावजूद वे रिक्शे से चला करते थे। पटना की सड़कों पर अकसर उन्हें मैला कुरता और हवाई चप्पल पहने रिक्शे पर बैठ जाते देखा जा सकता था। यह वो दौर था, जब आर.जे.डी. सुप्रीमो लालू प्रसाद यादव ने राजनीति की सीढ़ियाँ चढ़ना शुरू किया था। खुद को कर्पूरी ठाकुर का शिष्य कहने वाले लालू जब पहली बार ही सांसद बने तो विल्स की एक सेकंड हैंड जीप खरीद ली और इसी से चला करते थे।

एक मौका ऐसा आया, जब कर्पूरी ठाकुर को लालू की जीप की जरूरत पड़ गई। उस वक्त कर्पूरी ठाकुर बिहार विधानसभा में विपक्ष के नेता हुआ

करते थे और अस्वस्थ चल रहे थे। एक दिन उन्हें किसी जरूरी काम से विधानसभा जाना था। चूँकि उनके पास अपनी कोई गाड़ी नहीं थी, ऐसे में लालू की याद आई। उन्होंने अपने किसी करीबी से लालू यादव के पास कागजी संदेश भिजवाया कि कर्पूरी ने कहा है कि संभव हो तो वह अपनी जीप में उन्हें विधानसभा छोड़ दें।

लालू यादव ने उसी कागज पर लिख दिया, "मेरी जीप में तेल नहीं है। आप दो बार मुख्यमंत्री रहे। कार क्यों नहीं खरीदते?"

दो बार मुख्यमंत्री और एक बार उप-मुख्यमंत्री रहने के बावजूद उनके पास अपनी गाड़ी नहीं थी। वे रिक्शे से चलते थे। उनके मुताबिक, कार खरीदने और पेट्रोल खर्च वहन करने लायक उनकी आय नहीं थी। संयोग देखिए कि उन पर तंज कसने वाले लालू यादव बाद में आय से अधिक संपत्ति के मामले में कानूनी पचड़े में पड़े।

ठुकरा दी इंदिरा गांधी की पेशकश

साल था 1974, कर्पूरी ठाकुर के छोटे बेटे का मेडिकल की पढ़ाई के लिए चयन हुआ। पर वे बीमार पड़ गए। दिल्ली के राममनोहर लोहिया अस्पताल में भरती हुए। हार्ट की सर्जरी होनी थी। इंदिरा गांधी को मालूम हुआ तो एक राज्यसभा सांसद को भेजकर एम्स में भरती कराया। खुद मिलने भी गईं और सरकारी खर्च पर इलाज के लिए उन्हें अमेरिका भेजने की पेशकश की।

कर्पूरी ठाकुर को मालूम हुआ तो बोले, "मर जाएँगे, लेकिन बेटे का इलाज सरकारी खर्च पर नहीं कराएँगे।" बाद में जयप्रकाश नारायण ने कुछ व्यवस्था कर न्यूजीलैंड भेजकर उनके बेटे का इलाज कराया। कर्पूरी ठाकुर का पूरा जीवन संघर्ष में गुजरा।

फटा कुरता

पटना के कदम कुआँ स्थित चरखा समिति भवन में जयप्रकाश नारायण का जन्मदिन मनाया जा रहा था। पूर्व प्रधानमंत्री चंद्रशेखर, नानाजी देशमुख समेत देश भर से नेता जुटे थे। मुख्यमंत्री कर्पूरी ठाकुर फटा कुरता, टूटी चप्पल

के साथ पहुँचे। एक नेता ने टिप्पणी की, "किसी मुख्यमंत्री के ठीक ढंग से गुजारे के लिए कितना वेतन मिलना चाहिए?"

सब हँसने लगे। चंद्रशेखर अपनी सीट से उठे और अपने कुरते को सामने की ओर फैलाकर कहने लगे, "कर्पूरीजी के कुरता फंड में दान कीजिए।" सैकड़ों रुपए जमा हुए। जब कर्पूरीजी को थमाकर कहा कि इससे अपना कुरता-धोती ही खरीदिएगा तो कर्पूरीजी ने कहा, "इसे मैं मुख्यमंत्री राहत कोष में जमा करा दूँगा।"

अपना घर तक नहीं

कर्पूरी ठाकुर दो बार मुख्यमंत्री रहे, लेकिन अपना एक ढंग का घर तक नहीं बनवा पाए थे। एक बार प्रधानमंत्री रहते चौधरी चरण सिंह उनके घर गए तो दरवाजा इतना छोटा था कि उनके सिर में चोट लग गई। पश्चिम यू.पी. वाली खाँटी शैली में उन्होंने कहा, "कर्पूरी, इसको जरा ऊँचा करवाओ।"

कर्पूरी ने कहा, "जब तक बिहार के गरीबों का घर नहीं बन जाता, मेरा घर बन जाने से क्या होगा?"

70 के दशक में जब पटना में विधायकों और पूर्व विधायकों को निजी आवास के लिए सरकार सस्ती दर पर जमीन दे रही थी तो विधायकों के कहने पर भी कर्पूरी ठाकुर ने साफ मना कर दिया था। एक विधायक ने कहा, "जमीन ले लीजिए। आप नहीं रहिएगा तो आपका बच्चा लोग ही रहेगा।" कर्पूरी ठाकुर ने कहा कि सब अपने गाँव में रहेगा।

उनके निधन के बाद हेमवंती नंदन बहुगुणा जब उनके गाँव गए तो उनकी पुश्तैनी झोपड़ी देखकर रो पड़े थे। उन्हें आश्चर्य हुआ कि 1952 से लगातार विधायक रहे स्वतंत्रता सेनानी कर्पूरी ठाकुर दो बार मुख्यमंत्री बने, लेकिन अपने लिए उन्होंने कहीं एक मकान तक नहीं बनवाया!

उस्तरा पकड़ा दिया

कर्पूरी ठाकुर को गरीबों का मसीहा माना जाता है। उनके बारे में कहा जाता है कि सत्ता मिलने के बावजूद उन्होंने कभी भी उसका दुरुपयोग नहीं किया।

कर्पूरी ठाकुर से जुड़े कुछ लोग बताते हैं कि कर्पूरी ठाकुर जब राज्य के मुख्यमंत्री थे तो रिश्ते में उनके एक बहनोई उनके पास नौकरी के लिए गए। उन्होंने मुख्यमंत्री से साले की नौकरी के लिए सिफारिश लगवाने को कहा। बहनोई की बात सुनकर कर्पूरी ठाकुर गंभीर हो गए। उन्होंने अपनी जेब से पचास रुपए निकालकर उन्हें दिए और कहा कि जाइए और एक उस्तरा आदि खरीद लीजिए। अपना पुश्तैनी धंधा आरंभ कीजिए।

'जननायक' कहे जाने वाले कर्पूरी ठाकुर अपने उसूलों को लेकर बेहद सजग रहते थे। उतना ही संयमित जीवन भी जीते थे। वे सुबह 5 बजे जाग जाते थे। मुख्यमंत्री रहते हुए एक बार वे कपिल देव सिंह के घर दोपहर के भोजन पर पहुँचे। वहाँ समाजवादी नेता शिवकुमार भी मौजूद थे। उन्होंने कर्पूरी ठाकुर से मिलने का वक्त माँगा। उन्होंने कहा कि सुबह पाँच बजे आ जाइए।

कर्पूरी ठाकुर की बात सुन शिव कुमार चौंक गए और पूछा, "सुबह पाँच बजे? कौन मिलेगा? कौन मुझे मुख्यमंत्री आवास में घुसने देगा?" इस पर कर्पूरी ठाकुर ने उनसे कहा कि कि आप आइए तो सही।

इस घटना का जिक्र करते हुए शिव कुमार ने लिखा, 'दिसंबर के महीने में, 5 बजे सुबह काफी अँधेरा था। गार्ड ने नाम, पता और काम पूछकर उन्हें मुख्यमंत्री आवास में भेजा। वे अंदर गए तो देखा कि वे अकेले नहीं हैं। वहाँ बहुत सारे लोग थे।'

जूठी थाली खुद उठाई

सन् 1972 की बात है। कर्पूरी ठाकुर बिहार विधानसभा में प्रतिपक्ष के नेता थे। विधानसभा भवन स्थित अपने कक्ष की मुख्य मेज पर कर्पूरीजी के निजी सचिव और स्वयं कर्पूरीजी के लिए दोपहर का खाना आया। कर्पूरीजी के निजी सचिव खाना खाकर पहले ही उठ गए। हाथ धोने बेसिन की ओर चले गए। उन्होंने अपनी जूठी थाली टेबल पर ही छोड़ दी थी।

कर्पूरीजी ने जब अपना खाना खत्म किया तो उन्होंने एक हाथ से अपनी

और दूसरे हाथ से उनके निजी सचिव की थाली उठाई और उसे कमरे के बाहर रख दिया। कर्पूरीजी भी हाथ धोने चले गए। बेसिन थोड़ा दूर था। इस बीच निजी सचिव वापस आ गए। वहाँ पहले से बैठे प्रणव चटर्जी ने उनसे पूछा, "आपको पता है कि आपकी थाली किसने उठाई?"

उन्होंने कहा कि "दुर्गा ने उठाई होगी।" दुर्गा कैंटीन का स्टाफ था।

बक्सर के पूर्व विधायक प्रणवजी ने कहा कि "नहीं, आपकी जूठी थाली खुद कर्पूरीजी ने उठाई और बाहर रखी।"

डोम को मुखाग्नि

कर्पूरी ठाकुर कितने क्रांतिकारी मिजाज के थे, इसको समझने के लिए यह उदाहरण काफी है। 1977 में जब वे मुख्यमंत्री थे तो पुलिस हिरासत में नगर निगम के एक सफाईकर्मी ठकैता डोम की मौत हो गई। उन्होंने मौत का जिम्मेवार पुलिस को माना। अंतिम संस्कार में शामिल हुए। इतना ही नहीं, ठकैता डोम को उन्होंने बेटे की तरह मान देते हुए मुखाग्नि दी।

बेटी की शादी

एक रोचक कहानी उनकी बेटी की शादी की है। बात उस समय की है, जब कर्पूरी ठाकुर 1970 और 71 के बीच मुख्यमंत्री हुआ करते थे। उस समय अपनी बेटी के लिए लड़का देखने के लिए उन्हें राँची जाना था। इसके लिए उन्होंने मुख्यमंत्री की सरकारी गाड़ी का इस्तेमाल नहीं किया और भाड़े पर टैक्सी लेकर वे राँची गए।

शादी तय हो गई। मुख्यमंत्री काल में ही उनकी बेटी की शादी हुई थी। उनकी इच्छा थी कि बेटी की शादी सादगी के तहत देवघर मंदिर में करें, लेकिन पत्नी की इच्छा के कारण गाँव पितौंझिया में शादी हुई। कर्पूरी ठाकुर ने अपनी पत्नी की इच्छा को पूरा किया, लेकिन उस शादी में उन्होंने किसी नेता या अपने किसी साथी को आमंत्रित नहीं किया था। इतना तक कि मुख्यमंत्री के साथ रहने वाले सुरक्षाकर्मी, जिला प्रशासन के किसी भी कर्मचारी को आने की अनुमति नहीं दी गई थी।

कर्पूरी ठाकुर ने मुख्यमंत्री के रूप में आदेश दिया था कि उस दिन दरभंगा और सहरसा हवाई अड्डे पर कोई हवाई जहाज नहीं उतरेगा, ताकि उससे कोई नेता वहाँ नहीं पहुँच जाए। इतनी सादगी से उन्होंने बेटी की शादी की थी।

□

25

जननेता बनना : राजनीतिक समीक्षा

बिहार की विवादास्पद राजनीति से निपटने में अद्वितीय कौशल और क्षमता के बावजूद कर्पूरी ठाकुर की जातिगत पृष्ठभूमि ने हमेशा उनके नेतृत्व को प्रभावित किया। कर्पूरी ठाकुर के जीवनकाल के दौरान और उसके बाद जिन सवालों पर बहस जारी है, वे बिहार में पिछड़ी जाति की राजनीति को मजबूत करके कांग्रेस विरोधी राजनीति की नींव तैयार करने में उनके प्रभाव के इर्द-गिर्द घूमते हैं। उन्होंने मध्यस्थ जातियों की राजनीतिक आकांक्षाओं का प्रतिनिधित्व किया और राज्य में उच्च जाति/वर्ग की राजनीति के लिए एक कठिन चुनौती पेश की।

कर्पूरी राज्य के अग्रणी समाजवादी नेताओं में से एक थे, जिन्होंने सामाजिक न्याय के विचार को गति प्रदान की और पिछड़ी जाति की राजनीति की रूपरेखा को प्रभावित किया। 1960 के दशक के दौरान, वह मध्यवर्ती (पिछड़ी) जातियों की राजनीतिक आकांक्षाओं के प्रतिनिधि के रूप में उभरे और इस तरह कांग्रेस (आई), कांग्रेस (ओ) और जनसंघ जैसे राजनीतिक दलों के लिए एक गंभीर चुनौती पेश की।

हालाँकि जाति आधारित लामबंदी की अभूतपूर्व सफलता और अन्य पिछड़ी जातियों के पक्ष में इसके व्यापक निहितार्थ 1990 के दशक के बाद बहुत अधिक ध्यान देने योग्य हो गए, लेकिन प्रगति ने देश के विभिन्न हिस्सों में विविध प्रक्षेप पथ हासिल कर लिये। बिहार में, अन्य पिछड़ा वर्ग से संबंधित

कुछ नेताओं ने पिछड़ी जाति की राजनीति के सामाजिक-राजनीतिक स्वरूप को आकार देने में महत्त्वपूर्ण भूमिका निभाई थी, जो दशकों से फली-फूली और अंततः 1990 के दशक से शासक राजनीति के रूप में उभरी। पिछड़ी जाति की राजनीति के अपने आकलन में बिहार एक समाजवादी प्रयोगशाला रहा है, जहाँ कांग्रेस के प्रभुत्व के शुरुआती चरण के दौरान भी समाजवादी पार्टियों ने मिलकर 20 से 25 प्रतिशत वोट हासिल किए थे।

समाजवादी पक्ष में, कर्पूरी ठाकुर ने ओ.बी.सी.के दावे में अग्रणी भूमिका निभाई और उनकी गतिविधियों ने कांग्रेस की कीमत पर एस.एस.पी. के उदय को समझाया। विपरीत परिस्थितियों के बावजूद, राम मनोहर लोहिया की राजनीति से प्रभावित होकर, कर्पूरी ठाकुर बिहार में समाजवादी राजनीति के एक युवा और प्रेरक चेहरे के रूप में उभरे। समाजवादी राजनीतिक परंपरा और निचली जाति के आंदोलनों के बीच संबंधों के बारे में लोहिया की प्रभावी अभिव्यक्ति, सामाजिक न्याय और अनुष्ठान भेदभाव के मुद्दों पर निचली जातियों की क्षैतिज लामबंदी की राजनीतिक क्षमता को पहचानना कर्पूरी की राजनीति का मार्गदर्शक सिद्धांत बन गया।

ठाकुर की चुनावी सफलता अनुकरणीय रही है और उन्होंने 1984 के लोकसभा चुनाव को छोड़कर 1952 के बाद से जितने भी चुनाव लड़े, उनमें जीत हासिल की। समाज के वंचित वर्ग के विभिन्न मुद्दों और चिंताओं पर विधानसभा के अंदर उनका उग्र और तर्कपूर्ण योगदान समाज और राजनीति के हाशिए पर मौजूद लोगों और समुदायों के साथ उनके सीधे जुड़ाव से मेल खाता था। सामाजिक न्याय की अवधारणा, जन-केंद्रित विकास का विचार और इसके इर्द-गिर्द जन लामबंदी उनके विचारों से अभिन्न रूप से जुड़ी हुई थी। उन विचारों और समझ ने उनके अधिकांश राजनीतिक कार्यों को प्रभावित किया।

कर्पूरी ठाकुर की राजनीति को समझने के लिए, देश में समाजवादी गुट के भीतर नेतृत्व संघर्ष को समझना होगा। महान् समाजवादी नेता जयप्रकाश नारायण, डॉ. राम मनोहर लोहिया, जे.बी. कृपलानी और अशोक मेहता—सभी

बड़े नेता थे, प्रत्येक अपनी तरह की राजनीतिक मुक्ति का समर्थन करते थे और प्रत्येक दूसरे के साथ समझौता करने को तैयार नहीं थे। परिणामस्वरूप, समय के साथ इन सभी नेताओं ने पार्टी छोड़ दी, दल-बदल कर लिया या पार्टी से निष्कासित कर दिए गए। हर बार अपने वफादार समर्थकों को अपने साथ लेकर इन्होंने पार्टी को थोड़ा कमजोर बना दिया।

बिहार में अधिकांश प्रजा सोशलिस्ट पार्टी (पी.एस.पी.) कैडर लंबे समय से लगातार लहरों में कांग्रेस में चले गए थे—1964 में अशोक मेहता ने अपने समर्थकों के साथ प्रजा सोशलिस्ट पार्टी छोड़ दी और अपने साथ पी.एस.पी. कैडर का अनुमानित एक-तिहाई हिस्सा भी ले लिया। बिहार में दलबदल ने एक तरह से पिछड़ी जाति के नेताओं के लिए अधिक जगह बनाई, क्योंकि कई उच्च जाति के समाजवादी नेता कांग्रेस में शामिल हो गए।

दरअसल, 1957 में बिहार राज्य पिछड़ा वर्ग महासंघ के लोहिया की समाजवादी पार्टी में विलय और उसके बाद 1959 में लोहिया के समर्थकों द्वारा अन्य पिछड़ा वर्ग (ओ.बी.सी.), अनुसूचित जाति, अनुसूचित जनजाति के लिए 60 प्रतिशत आरक्षण सुनिश्चित करने के प्रस्ताव को अपनाने के बाद से, संगठनों और सरकारी नौकरियों में धार्मिक अल्पसंख्यकों का प्रवेश समाजवादी राजनीति का मुख्य एजेंडा बन गया।

पिछड़े वर्गों के लिए आरक्षण की योजना ने एक तरह से समाजवादियों के दो गुटों के बीच अंतर को बढ़ा दिया—संयुक्त सोशलिस्ट पार्टी (एस. एस.पी.) और प्रजा सोशलिस्ट पार्टी (पी.एस.पी.)। इसने बड़ी संख्या में उच्च जाति के समाजवादी नेताओं को भी अलग-थलग कर दिया। इन उच्च जाति के नेताओं में सीमित राजनीतिक संभावनाओं की भावना प्रबल थी, जिन्हें बाद में कांग्रेस पार्टी ने अपना लिया।

एस.एस.पी. ने इन समूहों के लिए 60 प्रतिशत आरक्षण पर जोर-शोर से जोर दिया; इस पर पी.एस.पी. का रुख काफी नरम था। इसके अलावा केंद्रीय समाजवादी नेताओं के बीच व्यक्तित्व और नेताओं की सामाजिक पृष्ठभूमि के टकराव का प्रभाव समाजवादी राजनीति के विखंडन और

पुनर्गठन में पड़ा। एस.एस.पी. के अधिक जमीनी नेतृत्व के विपरीत, पी.एस.
पी. पार्टी का अभिजात वर्ग ज्यादातर उच्च जाति, शिक्षित और बड़े पैमाने
पर शहरीकृत था।

नेताओं की सामाजिक पृष्ठभूमि के साथ-साथ अन्य ऐतिहासिक और
वैचारिक विचारों के कारण, पी.एस.पी. ने भारतीय समाज में वंचित समूहों
(पिछड़ी जातियों, आदिवासियों, महिलाओं) के लिए पूर्व निर्धारित प्रतिनिधित्व
की माँग पर केवल अनिच्छा से प्रतिक्रिया दी। यह संदर्भ कर्पूरी ठाकुर जैसे
नेताओं द्वारा समर्थित राजनीति के लिए बेहतर स्थान और गुंजाइश प्रदान
करता है। वह 'संसोपा ने बाँधी गाँठ' नारे के प्रबल समर्थकों में से एक बन
गए। 'पिछड़े पवन सौ मेरे साथ' (संयुक्त सोशलिस्ट पार्टी पिछड़ों के लिए
60 प्रतिशत आरक्षण सुनिश्चित करने के लिए प्रतिबद्ध है) और इसके लिए
प्रमुख प्रचारक बनी।

अन्य लोकप्रिय नारे, जैसे 'लोहिया-कर्पूरी की ललकार, बदलो-बदलो
ये सरकार' (लोहिया-कर्पूरी ने राजनीतिक शासन परिवर्तन का स्पष्ट आह्वान
किया) और 'न सौ से कम-न हजार से ज्यादा, यही है समाजवादी विचारधारा'
ने समाज के पिछड़े और दलित वर्ग का ध्यान खींचा।

1965 और 1972 के बीच कर्पूरी ठाकुर, रामानंद तिवारी और भोला
प्रसाद सिंह बिहार में एस.एस.पी. की अग्रणी ताकत थे, लेकिन गठबंधन के
सवालों और मुद्दों पर उनके बीच मतभेद थे। भोला प्रसाद सिंह जिस विंग
के प्रवक्ता थे, उसने कांग्रेस (आर) के खिलाफ कांग्रेस (ओ), जनसंघ और
स्वतंत्र पार्टी के साथ गठबंधन का तर्क दिया, जबकि रामानंद तिवारी के नेतृत्व
वाले विंग ने कांग्रेस (आर) और पी.एस.पी. के साथ गठबंधन का समर्थन
किया। इस समय कर्पूरी ठाकुर की किसी भी पक्ष में मजबूत पहचान नहीं थी।

गठबंधन की संरचना के जटिल मुद्दे को लेकर दो समाजवादी दिग्गजों,
रामानंद तिवारी और कर्पूरी ठाकुर के बीच सामान्य सौहार्द और एक साथ
आंतरिक प्रतिद्वंद्विता 1969-1971 के दौरान राजनीतिक परिदृश्य पर हावी
रही। जहाँ एस.एस.पी., कांग्रेस (ओ), जनसंघ का एक समूह सी.एम.

उम्मीदवार के रूप में रामानंद तिवारी का समर्थन करने के लिए एक साथ आया, वहीं दूसरे समूह ने ठाकुर की उम्मीदवारी को बढ़ावा दिया। किसी उच्च जाति के नेता को मुख्यमंत्री के रूप में स्वीकार करने की आशंका और दक्षिणपंथी जनसंघ के साथ गठबंधन के जोखिम को पिछड़े वर्ग के हितों और समाजवादी विचारधारा के साथ विश्वासघात माना गया। इस विचार-विमर्श और उसके बाद के राजनीतिक घटनाक्रम को कर्पूरी की साजिश माना गया। एक नेता के रूप में उनकी स्वीकार्यता की कमी के तथ्य से अवगत होने के बाद रामानंद तिवारी एस.एस.पी. के आंतरिक विवाद के बारे में खुलकर सामने आए और जनसंघ के खिलाफ मुखर रूप से लिखा।

28 फरवरी, 1970 को एस.एस.पी. संसदीय बोर्ड के अध्यक्ष को लिखे अपने पत्र में तिवारी ने रेखांकित किया कि जनसंघ का इरादा देश को हिंदू फासीवाद की ओर धकेलना है। उन्होंने लिखा, 'जनसंघ की मूलभूत इमारत सांप्रदायिक तनाव और नफरत है। एस.एस.पी. के लिए जे.एस. के साथ सरकार बनाना अस्वीकार्य है‥हमें हमेशा याद रखना चाहिए कि सरकार बनाना केवल साधन है, अंत नहीं। ऐसा लगता है कि हमने इसे अंत मानना शुरू कर दिया है।'

कांग्रेस पार्टी ने एस.एस.पी. में आंतरिक प्रतिद्वंद्विता का फायदा उठाया और वह मुख्यमंत्री के रूप में दरोगा प्रसाद रॉय के नेतृत्व में सरकार बनाने में कामयाब रही; हालाँकि सरकार बमुश्किल नौ महीने ही टिक सकी। विडंबना यह है कि दिसंबर 1970 में कर्पूरी ठाकुर ने जनसंघ के समर्थन से सरकार बनाई और रामानंद तिवारी उनकी सरकार में कैबिनेट मंत्री बने। वास्तव में, गठबंधन को लेकर आशंका, मुख्यमंत्री पद के उम्मीदवारों की जाति की पहचान, एक उच्च जाति के नेता को सी.एम. के रूप में स्वीकार करने का विरोध और एस.एस.पी. में विभाजन के डर के कारण एक समझौता हुआ, जिसने कर्पूरी ठाकुर को बिहार का मुख्यमंत्री बना दिया। सरकार एस.एस.पी., कांग्रेस (ओ), जनसंघ, स्वतंत्र पार्टी और अन्य छोटी पार्टियों का गठबंधन थी। राजनीतिक विकास ने जनसंघ को शासन में भागीदारी के लिए अवसर

प्रदान किया। एक ऐसा अवसर, जिसका उपयोग पार्टी आने वाले वर्षों और दशकों में मतदाताओं के बीच अपनी स्वीकार्यता बढ़ाने में कर सकती थी।

राजनीतिक विकास ने ठाकुर की राजनीतिक कला और कौशल को प्रदर्शित किया, जिससे वह खुद को सोशलिस्ट ब्लॉक के सबसे प्रमुख नेता के रूप में स्थापित कर सके। राजनीतिक पैंतरेबाजी के आरोपों के बावजूद, कर्पूरी ठाकुर पार्टी के विभिन्न गुटों द्वारा सबसे स्वीकार्य नेता के रूप में उभरे।

केंद्र और राज्य स्तर पर अधिकांश विवादों में कर्पूरी ठाकुर ने खुद को मुख्य नायक के बजाय मध्यस्थ और शांतिदूत की भूमिका में रखा और दूसरों ने भी उन्हें चुना। घटनाओं का क्रम, परदे के पीछे की राजनीतिक रणनीतियाँ और उसके नीतिगत परिणाम ने आने वाले दशकों में बिहार की राजनीति का भविष्य निर्धारित किया। कर्पूरी ठाकुर द्वारा सरकार के गठन के बाद अपनाई गई नीतियों से यह स्पष्ट हो गया कि राज्य में, कम-से-कम गैर-कांग्रेसी संरचनाओं के भीतर पिछड़े वर्ग के नेताओं का राजनीतिक पुनरुत्थान जारी रहेगा।

पार्टी के भीतर गुटबाजी, समाजवादी नेताओं के बीच एक अपनापन और लोकप्रिय आंदोलनों की माँगों के इन चरणों के माध्यम से नेविगेट और बातचीत करते हुए कर्पूरी विभिन्न गुटों के बीच संतुलन बनाने का प्रयास करते रहे और विपक्षी गुट में सबसे स्वीकार्य नेता के रूप में सामने आए। उन्होंने राज्य में पार्टी के भीतर आंतरिक झगड़े के साथ-साथ राष्ट्रीय राजनीति में भी चुप्पी, तटस्थता और अस्पष्टता को रणनीतियों के रूप में इस्तेमाल किया।

मुख्यमंत्री के रूप में कार्यभार सँभालने के अगले दिन ठाकुर की कैबिनेट ने राजभाषा अधिनियम को सख्ती से लागू करने का पहला बड़ा निर्णय लिया और सभी आधिकारिक संचार के लिए हिंदी का उपयोग अनिवार्य कर दिया। 'जनता की भाषा का आदर, लोकतंत्र का आदर' शीर्षक के साथ अखबार के संपादकीय में बताया गया, "मुख्यमंत्री कर्पूरी ठाकुर ने प्रेस को सूचित किया है कि प्रतिकूल टिप्पणी का उल्लेख उन सभी की सेवा पुस्तिका में किया जाएगा।"

पिछली माँग 'अंग्रेजी में अब काम न होगा, फिर से देश गुलाम न होगा' और 'राष्ट्रपति का बेटा या चपरासी की संतान; भंगी या बाभन हो, सबकी शिक्षा एक समान' ने सरकारी नीति में अपनी प्रतिध्वनि प्राप्त कर ली। इससे पहले, शिक्षा विभाग के साथ उपमुख्यमंत्री के रूप में अपनी क्षमता में, कर्पूरी ठाकुर ने अंग्रेजी को अनिवार्य विषय के रूप में हटा दिया था और इसे हाई स्कूल में छात्रों के लिए एक वैकल्पिक पेपर बना दिया था।

उन्हें यह स्पष्ट था कि पिछड़े समुदायों और ग्रामीण पृष्ठभूमि के बच्चे अकसर अनिवार्य विषय के रूप में अंग्रेजी के कारण परीक्षाओं में असफल हो जाते थे। चूँकि छात्र मैट्रिकुलेशन में उत्तीर्ण नहीं हो सके, इसलिए छात्र उच्च शिक्षा के लिए पात्र नहीं थे और इसलिए वे रोजगार के अवसरों से वंचित हो गए। इस चरण के दौरान जिन छात्रों ने अपनी 10वीं कक्षा की परीक्षा पूरी की थी, उन्हें अकसर तिरस्कारपूर्वक 'कर्पूरी डिवीजन' कहा जाता था।

उच्च जाति और समाज के एक प्रभावशाली वर्ग ने ठाकुर पर शिक्षा प्रणाली में अराजकता लाने का आरोप लगाया। वित्तमंत्री के रूप में, उन्होंने 3.5 एकड़ सिंचित और 7 एकड़ असिंचित भूमि वाले लोगों से राजस्व (मालगुजारी) का संग्रह बंद करने का निर्णय लिया। नीति की घोषणा लोहिया के नारे 'जिस खेती से लाभ नहीं, उस पर लगे लगान नहीं' के अनुरूप थी। इस फैसले से छोटे और सीमांत किसानों को काफी राहत मिली। इसने सरकार के गतिशील समाजवादी चरित्र को स्पष्ट रूप से प्रदर्शित किया। इन प्रगतिशील घोषणाओं ने इस आशंका को कम कर दिया कि दक्षिणपंथी जनसंघ समर्थित गठबंधन सरकार गरीब समर्थक समाजवादी विचारधाराओं और एजेंडे पर समझौता करेगी।

वर्ष 1965 में उन्होंने 'जन-विरोधी' और 'छात्र-विरोधी' नीतियों और कांग्रेस सरकार के दमनकारी कृत्य के खिलाफ एक शक्तिशाली आंदोलन का नेतृत्व किया, जिसे बड़े पैमाने पर जनसमर्थन मिला। चिंतित राज्य ने विरोध की आवाजों को दबाने और हिंसा का सहारा लिया; ठाकुर और रामानंद तिवारी जैसे प्रमुख नेताओं पर लाठीचार्ज की घटना सत्तारूढ़ शासन

के लिए एक असाधारण विवादास्पद मुद्दा बन गई। लोगों के मुद्दों के प्रति उनकी प्रतिबद्धता और लोकप्रिय राजनीति पर विश्वास का एक और उदाहरण जमशेदपुर में टाटा कंपनी द्वारा संचालित उद्योगों में कर्मचारियों की नौकरी की सुरक्षा सुनिश्चित करने के लिए उनके विरोध के दौरान प्रकट हुआ। मजदूरों के प्रति एकजुटता प्रदर्शित करते हुए उन्होंने आमरण अनशन शुरू कर दिया, जो 28 दिनों तक जारी रहा। परिणामस्वरूप, प्रबंधन श्रमिकों के लिए न्यूनतम वेतन, साप्ताहिक छुट्टियाँ और नौकरी की सुरक्षा बढ़ाने पर सहमत हुआ।

हालाँकि, ठाकुर सरकार (1970-71) अल्पकालिक थी, पिछड़ी जाति के राजनेताओं ने 1967 और 1972 के बीच सफलता का स्वाद चखा; एस.एस.पी. ने 'पिछड़ेपन' को लगभग एक पंथ बना दिया। 1967 के चुनाव में और फिर 1969 के मध्यावधि चुनाव में पार्टी दूसरी सबसे बड़ी पार्टी बनी। 1967 के बाद से बिहार के सात मुख्यमंत्रियों में से चार पिछड़ी जाति से थे और एक अनुसूचित जाति से था।

हालाँकि, 1972 में कांग्रेस की जीत के बाद इस राजनीति का उदय अस्थायी रूप से रुक गया था, लेकिन 1974 में जयपकाश नारायण के नेतृत्व वाले आंदोलन के दौरान लोगों को एकजुट करने की समाजवादी रणनीति फिर से सक्रिय हो गई। जयप्रकाश नारायण के नेतृत्व वाला आंदोलन सबसे निर्णायक राजनीतिक आंदोलन था। बिहार में 'जन आंदोलन' के फैलने के बाद जयप्रकाश नारायण द्वारा 'संपूर्ण क्रांति' का आह्वान किया गया और उसके बाद आंतरिक आपातकाल लगाए जाने से राज्य/देश में लोकप्रिय आंदोलनों की क्षमता और सीमा का स्पष्ट रूप से पता चला।

संसदीय लोकतंत्र के लिए चुनौती और खतरे के रूप में देखे जाने और सरकारी बहाव और भ्रष्टाचार के जवाब में इस आंदोलन के कारण हिंसा और दमन हुआ। लोकप्रिय विरोध प्रदर्शनों की अभिव्यक्ति के रूप में देखे और व्यक्त किए गए आंदोलनों का परिणाम यह हुआ कि 'लोग', पक्षपात का तिरस्कार करते हुए और सामाजिक बाधाओं को पार करते हुए एकजुट हुए, राजनीतिक-आर्थिक प्रतिष्ठान को चुनौती देने के लिए उठे।

1974 के आंदोलन के दौरान औद्योगिक श्रमिकों, शिक्षकों, इंजीनियरों, पत्रकारों, सरकारी और विश्वविद्यालय कर्मचारियों, रेलवे यूनियन आदि सहित सैकड़ों ट्रेड यूनियनों ने प्रदर्शन में भाग लिया। जुलूस का मुख्य नारा था 'पूरा राशन, पूरा काम, नहीं तो होगा चक्का जाम'। लोकप्रिय भावना को प्रतिध्वनित करते हुए कर्पूरी ठाकुर ने विपक्षी दलों, बुद्धिजीवियों, छात्रों और युवाओं से बिहार में 'कांग्रेस के कुशासन' को समाप्त करने के लिए 'जेहाद' (धर्मयुद्ध) की घोषणा करने की अपील की।

जयप्रकाश नारायण की अपील और कर्पूरी ठाकुर जैसे नेताओं की जमीनी स्तर पर लामबंदी ने युवाओं को प्रभावित किया और 17-18 फरवरी, 1974 को पटना में राज्य भर के छात्र प्रतिनिधियों का एक सम्मेलन आयोजित किया गया। 135 कॉलेजों के पाँच सौ से अधिक प्रतिनिधि पटना आए। सम्मेलन में भाग लेने के लिए जहाँ दो समानांतर छात्र निकाय—बिहार प्रदेश छात्र संघर्ष समिति और बिहार प्रदेश छात्र नौजवान मोर्चे का गठन किया गया। बाद वाला भारतीय कम्युनिस्ट पार्टी और अन्य वामपंथी दलों के छात्रों का प्रतिनिधित्व करता था, जबकि पहला जनसंघ, कांग्रेस (ओ) और संयुक्त सोशलिस्ट पार्टी के प्रति निष्ठा रखने वाले लोगों से बना था।

आंदोलनों के दौरान घटी घटनाएँ

16 मार्च, 1974 को बेतिया में पुलिस फायरिंग में पाँच लोगों की मौत हो गई। अगले हफ्तों में मुंगेर, राँची, देवघर और अन्य जगहों पर दंगों के दौरान गोलीबारी में पच्चीस से अधिक लोग मारे गए। दिशा और उद्देश्य की तलाश कर रहे छात्र, अपने संगठन छात्र संघर्ष समिति के माध्यम से, जयप्रकाश नारायण को आंदोलन का नेतृत्व सँभालने के लिए मनाने में सफल रहे। उनका विचार व्यापक आधार वाला था और जयप्रकाश नारायण ने इस अवसर का उपयोग नीतियों की रूपरेखा को राजनीति से लोकनीति में स्थानांतरित करने के लिए करने का दावा किया।

कुछ ही हफ्तों में बिहार के हर विश्वविद्यालय और जिला मुख्यालय में छात्र और जन संघर्ष समितियाँ गठित हो गईं। लोकलुभावनवाद न केवल 'लोगों के संघर्षों' की बयानबाजी में, बल्कि व्यापक सामाजिक आधार, सहज जोर और आंदोलनों के व्यापक लक्ष्यों में भी स्पष्ट रूप से प्रमाणित था। तथ्य यह है कि जे.पी. ने दो प्रमुख युवा संगठनों, समाजवादी युवजन सभा (एस. वाई.एस.) और अखिल भारतीय विद्यार्थी परिषद् (ए.बी.वी.पी.), क्रमशः एस.एस.पी. और जनसंघ की युवा शाखाएँ, एक साथ आने से आंदोलन की वैचारिक रूपरेखा के बारे में भ्रम बढ़ गया। फरवरी 1974 में, सी.पी.आई. इस समूह से अलग हो गई; इसके बाद ए.बी.वी.पी., एस.वाई.एस. और टी.एस. एस. ने बिहार छात्र संघर्ष समिति (बी.सी.एस.एस.) का गठन किया, जिसने प्रमुख दक्षिणपंथी रुख अपनाया। इन घटनाक्रमों का लोकप्रिय आंदोलन पर प्रभाव पड़ा।

आने वाले वर्षों में राजनीतिक स्थिति की तात्कालिकता के बहाने कई वैचारिक और रणनीतिक समझौते किए गए। जयप्रकाश नारायण के आंदोलन के दौरान वैचारिक भ्रम सर्वव्यापी था और कर्पूरी ठाकुर जैसे नेताओं को अपने-अपने निर्वाचन क्षेत्रों में जटिल सवालों का सामना करना पड़ा था। हालाँकि गैर-कांग्रेसी राजनीति में जनसंघ (जे.एस.) के साथ गठबंधन के पिछले अनुभव थे, लेकिन जयप्रकाश नारायण द्वारा जनसंघ के प्रति सहमति की खुली अभिव्यक्ति भ्रमित करने वाली थी। संसद् में जनता पार्टी और जनसंघ के संयुक्त गुट के पक्ष में बोलते हुए जे.पी. ने बिहार आंदोलन के दौरान उनके आंदोलन को दिए गए समर्थन के लिए जनसंघ को धन्यवाद दिया। उन्होंने आगे कहा, "अगर आप फासीवादी हैं तो मैं भी फासीवादी हूँ।" वास्तव में पार्टी को यह आश्वासन देते हुए कि वे मानते हैं कि आर.एस. एस. के साथ जुड़ाव के कारण अब उस पर कोई कलंक नहीं जुड़ा है, का सार्वजनिक बयान आंदोलन के सबसे बड़े नेता द्वारा कांग्रेस विरोधी मोर्चे में दक्षिणपंथी राजनीतिक समूह को शामिल करने और आत्मसात् करने से आने वाले महीनों और वर्षों के लिए एक जटिल राजनीतिक परिदृश्य तैयार हो गया।

हालाँकि, जैसे-जैसे आंदोलन आगे बढ़ा, और जैसे-जैसे इसके लक्ष्यों का विस्तार हुआ और एक विशिष्ट राजनीतिक चरित्र प्राप्त हुआ, लोगों ने भी सवाल पूछना शुरू कर दिया—'संपूर्ण क्रांति' के अग्रदूत कौन होंगे ? इस विवादास्पद राजनीति की उलझन, विरोधाभास और जटिलताएँ जयप्रकाश नारायण के लिए सबसे बड़ी चुनौतियाँ थीं, जिन्होंने इसे लोकतंत्र के मूलभूत मुद्दों के भीतर ढालने की कोशिश की।

ऐसी जटिलताएँ और अस्पष्टताएँ राजनीतिक परिदृश्य में मँडराती रहीं और जनता पार्टी के प्रयोग के लिए मामले कठिन हो गए। अलग-अलग रणनीतियों, दृष्टिकोण और शैली में जे.पी. और के.टी. (कर्पूरी ठाकुर) के बीच राजनीतिक संबंधों की खोज के लिए कुछ जगह है।

प्रकृति, चरित्र और राजनीतिक पुनर्गठन ने के.टी. को जे.पी. आंदोलन के चरम चरण के दौरान सक्रिय व्यस्तताओं से लेकर पृष्ठभूमि कार्य के बीच झूलने के लिए प्रेरित किया। भारत में आंतरिक आपातकाल लागू होने के तुरंत बाद वे नेपाल में भूमिगत हो गए और वहीं से अपना प्रारंभिक संगठनात्मक प्रयास जारी रखा।

कहने की जरूरत नहीं है कि जे.पी. आंदोलन के दौरान राजनीति के मुहावरे, संकेत, प्रतीक और नारे ने समाज के एक वर्ग को प्रेरित किया, जो अब तक राजनीति के प्रति सतर्क था, लेकिन जो राजनीतिक प्रक्रियाओं के अंत में बना रहा। 1977 में जनता पार्टी की जीत के बाद कर्पूरी ठाकुर मुख्यमंत्री बने और उन्होंने राज्य में बदली हुई राजनीतिक स्थिति की स्थिरता सुनिश्चित करने के लिए एक राजनीतिक निर्वाचन क्षेत्र बनाने का प्रयास किया। गरीब समर्थक समाजवादी एजेंडे को बढ़ावा देने के लिए उन्होंने पिछड़ी जातियों के सदस्यों के लिए सरकारी नौकरियों और शैक्षणिक संस्थानों में सीटें आरक्षित करने की नीति पेश की। यह याद रखना महत्त्वपूर्ण है कि यद्यपि बिहार सरकार ने 1951 में ही ओ.बी.सी. को दो अनुलग्नकों में सूचीबद्ध किया था, जिसमें अनुलग्नक एक में 79 जातियाँ और अनुलग्नक दो में 30 जातियाँ शामिल थीं, लेकिन बाद में पटना उच्च न्यायालय ने 1964 में इस सूची को असंवैधानिक

करार दिया। सरकारी नौकरियों में आरक्षण को रुक-रुककर राजनीतिक चर्चा में जगह मिलती रही; हालाँकि यह साकार नहीं हुआ।

1960 के दशक के आखिर और 1970 के दशक की शुरुआत में ओ.बी.सी. नेताओं की लगातार जिद और उनके बढ़ते राजनीतिक दबदबे ने कांग्रेस को मजबूर कर दिया। सरकार ने मुंगेरी लाल आयोग का गठन किया, जिसमें 128 जातियों को ओ.बी.सी. और 93 जातियों को एम.बी. सी. के रूप में सूचीबद्ध किया गया। आयोग ने नौकरियों में 26 प्रतिशत आरक्षण और शैक्षणिक संस्थानों में 24 प्रतिशत आरक्षण की सिफारिश की। हालाँकि, कांग्रेस सरकार ने सिफारिशों पर कोई काररवाई नहीं की। ये कर्पूरी ठाकुर ही थे, जिन्होंने 1978 में मुंगेरी लाल आयोग की सिफारिश को लागू किया था। इस नीति में सबसे पिछड़े और अन्य पिछड़े वर्गों के लिए नौकरियों में क्रमश: 12 प्रतिशत और 8 प्रतिशत आरक्षण का प्रावधान किया गया था। इसके अतिरिक्त, किसी भी समूह की महिलाओं के लिए 3 प्रतिशत और उन लोगों के लिए 3 प्रतिशत पद आरक्षित थे, जो 'आर्थिक रूप से पिछड़े' थे।

के.टी. सरकार की त्वरित आरक्षण नीति पिछड़े वर्गों के लिए एक महत्त्वपूर्ण सफलता का प्रतीक बनी। आजादी की पूरी अवधि और ब्रिटिश शासन के दौरान भी राज्य की नौकरशाही के स्तरों पर बेहद कम प्रतिनिधित्व पाने के बाद 'पिछड़ों' को अंततः पदों में अपनी उचित हिस्सेदारी का थोड़ा सा हिस्सा मिला। समाजवादी राजनीतिक परंपरा के बीच संबंधों के बारे में लोहिया की अभिव्यक्ति और निचली जाति के आंदोलन, 'सामाजिक न्याय और अनुष्ठान भेदभाव के मुद्दों पर निचली जातियों की क्षैतिज लामबंदी की राजनीतिक क्षमता' को पहचानते हुए अंततः साकार हो गए। हालाँकि, कर्पूरी द्वारा आरक्षण नीति को लागू करने के तरीके के प्रति जे.पी. को चिंता और अनिच्छा थी और उन्होंने अपने विश्वासपात्र के साथ अपनी असहमति व्यक्त की। राजनीतिक विश्लेषकों ने यहाँ तक तर्क दिया कि जे.पी. ने ओ.बी.सी. आरक्षण के खिलाफ आंदोलन को पनपने दिया।

इस फैसले के परिणामस्वरूप उच्च जाति द्वारा आरक्षण के खिलाफ एक उग्र आंदोलन शुरू हो गया और राज्य के राजनीतिक परिदृश्य पर 'अगड़े' और 'पिछड़े' के बीच एक आभासी जातीय युद्ध हावी हो गया। दिलचस्प बात यह है कि ओ.बी.सी. के लिए आरक्षण के विरोध में, ऊँची जाति ने दलितों के साथ गठबंधन का दिखावा किया और इसे इस नारे के माध्यम से व्यक्त किया कि 'कृषि-हरिजन भाई भाई, ये पिछड़ी जाति कहाँ से आई?'

राजनीतिक स्पेक्ट्रम में उच्च जाति के नेता ठाकुर की राजनीति से सावधान थे और उन्होंने चालाकी से सत्तारूढ़ और विपक्षी समूहों के असंतुष्ट विधायकों को एकजुट किया। बड़ी संख्या में अनुसूचित जाति विधायकों ने जनसंघ के साथ गठबंधन किया और बिहार विधानसभा में कर्पूरी ठाकुर के खिलाफ संयुक्त विरोध किया। कर्पूरी ठाकुर के प्रति ऊँची जातियों की लंबे समय से चली आ रही दुश्मनी और उनकी राजनीतिक कुशलता को लेकर आशंका उनके साहसिक और विवादास्पद फैसले से पुष्ट हो गई।

राज्य स्तर पर पर्याप्त राजनीतिक समर्थन के अभाव में बिहार में पिछड़ी जाति की राजनीति के प्रणेता कर्पूरी ठाकुर ने राजनीति के विकेंद्रीकरण का विकल्प चुना और वर्ष 1978 में पंचायत चुनाव कराए। पुराने पदाधिकारियों को बड़े पैमाने पर बाहर कर दिया गया। उनकी जगह कर्पूरी और उनकी राजनीति के प्रति निष्ठा रखने वाले पदाधिकारियों के एक नए समूह ने ले ली, जिसे आधार मिला। इसने राजनीति में पिछड़ी जाति के पुनरुत्थान के संकेत की पुष्टि की और बिहार में सामाजिक-राजनीतिक विमर्श को और अधिक प्रभावित और प्रतिपादित किया। कर्पूरी ठाकुर सरकार द्वारा मुंगेरी लाल आयोग की सिफारिशों के कार्यान्वयन की पृष्ठभूमि में, राजनीतिक गुरुत्वाकर्षण के केंद्र में प्रारंभिक बदलाव 1978 के पंचायत चुनावों में ग्रामीण स्तर पर देखा जा सकता था।

लोहिया की भविष्यवाणी सटीक साबित हुई कि जाति आधारित आरक्षण से गहरे राजनीतिक परिवर्तन होंगे। हालाँकि, ठाकुर की तैयारियों के आलोचनात्मक मूल्यांकन से पता चलता है कि उन्होंने सामाजिक-राजनीतिक

क्षेत्र में पिछड़े वर्गों को मजबूती से एकजुट किए बिना साहसिक निर्णय लिये। ठाकुर की शुरुआती तरजीह की पेशकश ने अगड़ी जातियों और अनुसूचित जातियों दोनों के बीच भावनाओं को भड़काया, जिन्हें इससे खतरा महसूस हुआ, जिससे इसका समय से पहले पतन हो गया। इसकी जगह 'फॉरवर्ड्स और जनसंघियों' के प्रभुत्व वाली सरकार ने ले ली। कर्पूरी की राजनीतिक रणनीतियों पर कर्नाटक के मुख्यमंत्री देवराज उर्स ने कहा, "कर्पूरी बॉक्सिंग सीखने से पहले ही रिंग में चढ़ गए थे।"

□

26

विधानसभा बहस के माध्यम से दावे की राजनीति

राजनीतिक एजेंडे का कुशल और प्रभावी संचार किसी भी राजनीतिक दल के लिए महत्त्वपूर्ण होता है और इसे अपने घटकों तक पहुँचने के लिए विविध रणनीतियों की आवश्यकता होती है। अपने राजनीतिक जीवन के शुरुआती चरण से कर्पूरी ठाकुर एक ओर प्रमुख जाति और जमींदारों के खिलाफ किसानों और मजदूरों की लामबंदी और सामूहिकता की ताकत में विश्वास करते थे तो दूसरी ओर उन्होंने अपनी तेज वक्तृत्व कला और विश्लेषणात्मक हस्तक्षेप का इस्तेमाल किया। विधानसभा बहस के माध्यम से उनकी आरंभिक लामबंदी का प्रयास जमींदारों के खिलाफ था, जिसके परिणामस्वरूप भूमि को मुक्त कराया गया, जिसे बाद में गरीब दलितों के बीच वितरित किया गया। जमीनी ग्रामीण वास्तविकताओं से अवगत और संघर्ष की राजनीति में दीक्षित ठाकुर निम्नवर्गीय जनता के एक प्रेरक और अडिग नेता बन गए। उपनिवेशवाद के बाद के चरण में, बिहार विधानसभा में एक युवा और मुखर समाजवादी नेता के रूप में, उनके प्रश्न, टिप्पणियाँ, हस्तक्षेप और विधानसभा बहस में समग्र भागीदारी उनके व्यापक ज्ञान, समझ और मुखरता के प्रमाण हैं।

फरवरी और मार्च 1953 (उनके संसदीय जीवन का दूसरा वर्ष) में बिहार विधानसभा में उनके हस्तक्षेप के दो उदाहरण यहाँ प्रासंगिक हैं।

बिहार लोक व्यवस्था रख-रखाव (संशोधन) विधेयक, 1953 के सरकारी प्रस्ताव पर बोलते हुए ठाकुर ने नव स्वतंत्र राष्ट्र-राज्य में सत्ताधारी पार्टी द्वारा मनमानी और राज्य के अधिकार के दुरुपयोग की चिंताओं को रेखांकित किया। सार्वजनिक व्यवस्था बनाए रखने के नाम पर, सत्तारूढ़ दल (इस मामले में कांग्रेस) की मनमानी का ठाकुर ने उदाहरण दिया। उन्होंने इस सरकारी दावे का पुरजोर विरोध किया कि विधेयक में एक सुधारात्मक तत्त्व है और इसका उद्देश्य औपनिवेशिक हिरासत अधिनियम के दमनकारी तत्त्वों को खत्म करना है।

प्रस्तावित विधेयक के खिलाफ तर्क देते हुए ठाकुर ने कहा कि हालाँकि, हिरासत अधिनियम में गलत हिरासत के खिलाफ उच्च न्यायपालिका द्वारा जाँच का प्रावधान था, लेकिन प्रस्तावित विधेयक में इस तरह के उपाय को कमजोर कर दिया गया। सरकार द्वारा सत्ता के दुरुपयोग के खिलाफ अपने तर्क को पुष्ट करने के लिए उन्होंने धारा 144 लगाए जाने की कई घटनाओं का उदाहरण दिया, जिसके माध्यम से राज्य ने विपक्षी नेताओं और प्रसिद्ध सामाजिक कार्यकर्ताओं की सार्वजनिक बैठकों की अनुमति देने से इनकार कर दिया। उन्होंने सत्तारूढ़ राजनीतिक शासन पर विपक्षी दलों को किसानों और श्रमिकों को उनके अधिकारों का दावा करने के लिए संगठित करने की अनुमति नहीं देने का आरोप लगाया। आगे बताते हुए उन्होंने इसके लिए सरकार को जिम्मेदार ठहराया कि प्रस्तावित कानून के माध्यम से लोगों की स्वतंत्रता को कमजोर किया जा रहा है और विधेयक पर जनमत संग्रह की माँग की जा रही है।

16 सितंबर, 1953 को साथी समाजवादी नेता रमेश झा द्वारा विधेयक पर जनमत संग्रह के प्रस्ताव के समर्थन में विधानसभा बहस में भाग लेते हुए के.टी. ने लोगों की स्वतंत्रता और आजादी की रक्षा के लिए अल्पसंख्यक विपक्षी आवाजों के महत्त्व को उजागर किया। सत्तारूढ़ शासन के अहंकार को चुनौती देते हुए कि 'लोकतंत्र बहुमत का शासन है', उन्होंने राजनीतिक विचारक हैरोल्ड लॉस्की का हवाला दिया, जिन्होंने कहा था, "मानव समाज में स्वतंत्रता के मित्र हमेशा अल्पसंख्यक होते हैं।"

जनमत संग्रह के माध्यम से जनता की राय जानने के लिए विधेयक लाने की आवश्यकता पर जोर देते हुए उन्होंने राज्य और सरकार के संचालन में लोगों की अधिक भागीदारी पर जोर दिया। उनके भाषण में उपनिवेशवाद के शुरुआती चरण में सरकार के प्रति लोगों के मोहभंग और उत्साह की कमी तथा भाग्यवाद की भावना के बारे में आशंका को विस्तार से बताया गया। दो आम चुनावों के बीच के चरण में 'मतदाताओं की निरंतर सहमति' सुनिश्चित करने के लिए एक मामला बनाया गया था। अपने विस्तृत भाषण में ठाकुर ने राज्य और उसकी एजेंसियों द्वारा नागरिक स्वतंत्रता के उल्लंघन की सभाओं, जुलूसों और उदाहरणों पर रोक लगाने के कई उदाहरण प्रस्तुत किए।

यह बहस लोकतांत्रिक राजनीति के मानदंडों और मूल्यों के साथ-साथ प्रतिनिधि राजनीति के विभिन्न पहलुओं और सीमाओं के बारे में ठाकुर की व्यापक समझ का उदाहरण देती है। विधानसभा बहस में अपने हस्तक्षेप के माध्यम से के.टी. ने राज्य की प्रतिक्रिया की तुलना में सार्वजनिक व्यवस्था की प्रकृति, चरित्र, अर्थ और प्रतिक्रिया से जुड़ी जटिलताओं का आह्वान किया। उन्होंने स्वतंत्रता, समानता और जनमत के साथ सरकारी जुड़ाव की सीमाओं पर चर्चा की।

सरकार के संसदीय स्वरूप और चुनावी राजनीति के संदर्भ में न्याय की गहरी भावना की सूक्ष्म राजनीतिक प्रतिबद्धता के साथ जाँच की गई। भारत की आजादी के बमुश्किल छह साल और बिहार में पहली निर्वाचित सरकार के गठन के एक साल के भीतर, लोकतंत्र के खिलाफ राज्य की चिंता और निम्नवर्गीय जनता की बड़ी चिंताओं को बहस में मार्मिक ढंग से उजागर किया गया। बहस लोकतंत्र के प्रत्यक्ष और मध्यस्थ रूपों के बीच तनाव को सामने लाती है और उन तरीकों की व्याख्या करती है, जिनके माध्यम से प्रतिनिधि लोकतंत्र में अल्पसंख्यक/सबाल्टर्न आवाजों को कमजोर किया जा सकता है। यह 'लोकतांत्रिक अस्वस्थता' के खतरे को इंगित करता है, जिसमें नागरिक राजनीतिक प्रक्रिया से अलग हो रहे थे और नए स्वतंत्र राष्ट्र-राज्य के मतदाताओं के बीच थकान और हताशा की भावना पहले से ही घर कर रही थी।

इस परिवेश में, जनमत संग्रह, परामर्श और बातचीत जैसे प्रत्यक्ष लोकतंत्र उपकरण प्रतिनिधि तंत्र में लोकप्रिय भागीदारी को बढ़ा सकते हैं। राजनीति और नीति-निर्माण के साथ लोगों के निरंतर जुड़ाव में विश्वास को रेखांकित करते हुए के.टी. ने इस बात पर जोर दिया कि प्रतिनिधि लोकतंत्र के विपरीत, जो पदानुक्रमित, पक्षपातपूर्ण और सत्तावादी था, जनमत संग्रह जैसी प्रत्यक्ष लोकतांत्रिक प्रथाएँ गरीबों, पिछड़ों और सामाजिक रूप से बहिष्कृत लोगों के मुद्दों और चिंताओं से प्रभावी ढंग से निपट सकती हैं।

कर्पूरी ठाकुर के लिए भूमि प्रश्न, लामबंदी और चुनौतियाँ

20 मार्च, 1953 को वरिष्ठ समाजवादी नेता रामानंद तिवारी द्वारा 'जमींदारी उन्मूलन के परिणामस्वरूप संपदा के प्रबंधन' पर लाए गए कट-मोशन का जवाब देते हुए ठाकुर ने कहा कि केवल भूमि के पुनर्वितरण के माध्यम से ही मौजूदा असमानता और कुप्रबंधन को खत्म किया जा सकता है। उन्होंने राजस्व संग्रहण (मालगुजारी) के लिए पंचायती राज व्यवस्था स्थापित करने पर भी जोर दिया। विधानसभा बहस में उन्होंने इस बात पर जोर दिया कि जमींदारों द्वारा किसानों से लगान वसूली को तत्काल प्रभाव से वापस लेने की जरूरत है।

1 अप्रैल, 1953 को तत्कालीन मुख्यमंत्री द्वारा बिहार भूमि सुधार (संशोधन) विधेयक, 1953 के प्रस्ताव पर फिर से बोलते हुए के.टी. राज्य द्वारा सभी जमींदारी पर कब्जा करने के लिए एक निश्चित तिथि निर्धारित करना चाहते थे। उन्होंने कहा, "अगर सरकार यह स्पष्ट करना चाहती है कि जमींदारी प्रथा समाप्त हो गई है, तो उसे एक ही बार में सभी जमींदारी को खत्म करना होगा। मैं समझता हूँ कि स्थगन से राज्य के हित पर प्रतिकूल प्रभाव पड़ रहा है। जब से जमींदारी उन्मूलन की चर्चा शुरू हुई, लाखों एकड़ जमीन परती, सार्वजनिक हो गई। भूमि, जल निकाय और सिंचाई चैनल, श्मशान भूमि आदि को जमींदारों द्वारा अपने पक्ष में विनियोजित, प्रबंधित और व्यवस्थित किया गया है। जो कुछ बचा है, उस पर भी शीघ्र ही

जमींदारों का कब्जा हो जाएगा। यदि सरकार वास्तव में सार्वजनिक उपयोग के लिए स्थानों को बचाने के लिए उत्सुक है, तो उसे तुरंत काररवाई करने की आवश्यकता है।"

कर्पूरी की रणनीति से ऐसा आभास हुआ कि वे धीमे, गुप्त संघर्ष के माध्यम से लगातार पद की लड़ाई में थे और प्रभाव एवं शक्ति हासिल करने की कोशिश करते रहे। 1977 में जब कर्पूरी ठाकुर मुख्यमंत्री बने तो भाषा स्वयं राजनीति का विषय बन गई। उनकी सरकार ने सभी प्रशासनिक कार्य हिंदी में करना अनिवार्य कर दिया। सिंचाई मंत्री सच्चिदानंद सिंह ने एक परिपत्र भेजा कि प्रशासनिक कार्यों में अंग्रेजी का उपयोग करने वाले अधिकारियों को दंडित किया जाएगा और केंद्र सरकार और राज्य के बीच सभी संचार हिंदी में किया जाना चाहिए तथा अंग्रेजी का उपयोग केवल विशेष अनुमति प्राप्त करने के बाद ही किया जा सकता है। 'अंग्रेजी हटाओ' के इस प्रस्ताव पर एम.जी. रामचंद्रन ने तीखी प्रतिक्रिया व्यक्त की और कुछ मायनों में इसने 'राष्ट्रीय' भाषा के रूप में हिंदी की भूमिका को सामने ला दिया।

कर्पूरी ठाकुर ने स्वयं स्पष्ट किया कि हिंदी के उपयोग का मतलब किसी भी तरह से 'त्रिभाषा फॉर्मूले' को छोड़ना नहीं है और उन्होंने तमिल को पढ़ाई जाने वाली भाषाओं में से एक के रूप में पेश किया। कर्पूरी ठाकुर द्वारा अपनाए गए 'अंग्रेजी हटाओ' का एक अलग विश्लेषण करना संभव है और इसका संबंध बिहार आंदोलन से पहले और उसके दौरान हिंदी को लेकर जिस तरह से बहस हुई थी, उससे है। इस परियोजना के हिस्से के रूप में बिहार आंदोलन पर पहले के शोध में, यह संकेत दिया गया था कि फणीश्वर नाथ 'रेणु' जैसे नेताओं, बुद्धिजीवियों और लेखकों ने लिखित भाषा को राजनीतिक रूप से अधिक लोकप्रिय बनाने के लिए हिंदी में स्थानीय बोलियों का उपयोग करने का कार्य किया था।

अधिकांश पर्यवेक्षकों और विद्वानों ने इस तथ्य की ओर ध्यान दिलाया है कि कर्पूरी ठाकुर, जो जाति से नाई (हज्जाम) थे, के पास उच्च पिछड़ी जातियों की बढ़ती राजनीतिक शक्ति का मुकाबला करने के लिए आवश्यक

निर्वाचन क्षेत्र नहीं था। यह सच हो सकता है, लेकिन इसका मतलब यह भी था कि कर्पूरी ठाकुर ऐसे पद ले सकते थे, जो निर्धारित या सहनशील राजनीतिक माँगों की सीमाओं को पार कर सकते थे। ऐसी ही एक माँग, जो कर्पूरी ठाकुर ने की थी, वह थी आर्म्स ऐक्ट को रद्द करना। वह दलितों को हथियारबंद करने के भी समर्थक थे, खासकर नक्सलबाड़ी आंदोलन के मद्देनजर जब जमींदार दलितों की हत्या कर रहे थे। उन्हें इस बात की भली-भाँति जानकारी थी कि जगन्नाथ मिश्र सरकार जमींदारों को हथियारों का लाइसेंस दे रही थी, जिसके कारण बिहार में बड़े पैमाने पर हत्याएँ हुईं। वे ऐसा सरकारी आदेश पारित करने में सक्षम नहीं थे, जो दलितों को हथियार देने की अनुमति देता। यह लोकलुभावन सरकार की सीमा को भी दरशाता है और यह भी दरशाता है कि ऐसे लोकलुभावन उपाय हैं, जिन्हें कोई लोकलुभावन नेता सरकार की प्रक्रिया में नहीं बदल सकता। हालाँकि, इसने लोकलुभावन माँग तैयार करने में कर्पूरी ठाकुर की कुशलता को दिखाया और हथियार ले जाने के सवाल को बिहार में सामाजिक संघर्ष से जोड़ा।

16 सितंबर, 1955 को बिहार विधानसभा में अपने भाषण में उन्होंने बताया कि बिहार में लोगों को हथियार लाइसेंस आवंटित करने में एक निश्चित विसंगति थी। इसके बाद उन्होंने हथियार उठाने के सवाल को लोकतंत्र के लिए एक परीक्षा बना दिया। उन्होंने उन लोगों के पाखंड को उजागर किया, जिन्होंने यह कहा था कि शस्त्र अधिनियम को रद्द करने से अमीर गरीबों के खिलाफ और अधिक हिंसक हो जाएँगे। उन्होंने आगे कहा कि जब आर्म्स ऐक्ट लागू था, तब भी ऐसी घटनाएँ हुई थीं, जहाँ पूर्णिया में अमीर जमींदारों ने बटाईदारों को मार डाला था। फिर उन्होंने चौंकाने वाली बात कही कि बटाईदारों और श्रमिकों को संगठित करने के लिए हथियारों का इस्तेमाल किया जा सकता है। उन्होंने कहा, "अगर यह कानून रद्द कर दिया जाए तो गरीब भी सहकारी समितियाँ बना सकते हैं और ग्राम पंचायतें भी इन्हें बना रही हैं और यह संभव है कि हथियार सामूहिक रूप से खरीदे जा सकें। श्रमिक संघ बंदूक खरीदने के लिए धन इकट्ठा कर सकते हैं और

एक जिम्मेदार व्यक्ति बंदूक को अपने कब्जे में रख सकता है, जो सभी के लिए फायदेमंद होगा।"

कर्पूरी ठाकुर के जीवनकाल को तीन चरणों में विभाजित किया जा सकता है : (ए) 1921 में उनके जन्म से 1967 तक; इस चरण के दौरान उन्होंने स्वतंत्रता के लिए भारतीय राष्ट्रीय आंदोलन, छात्रों और किसान आंदोलनों में भाग लिया तथा एक प्रमुख समाजवादी नेता के रूप में वंचितों के सामान्य हितों को मुखर किया; (बी) 1967-80 तक, जब उनकी पहचान पिछड़ों के नेता के रूप में हुई, और (सी) 1980 से लेकर 1988 में उनकी मृत्यु तक, जब वे नए राजनीतिक समर्थन आधार की तलाश में एक असहाय नेता बन गए, क्योंकि प्रमुख ओ.बी.सी.के एक वर्ग ने उनके नेतृत्व को चुनौती दी।

हालाँकि, यह विभाजन कर्पूरी ठाकुर के राजनीतिक जीवन पर प्रकाश डाल सकता है, लेकिन लोकलुभावन सरकार के नेता के रूप में ठाकुर के बारे में कहने के लिए लगभग कुछ भी नहीं है, चाहे वह कितना भी अनिश्चित क्यों न हो! इसी तरह, अपने साथियों, विरोधियों और असंख्य राजनेताओं तथा शिक्षाविदों की यादों में वे एक ऐसे व्यक्ति के रूप में सामने आते हैं, जो हमेशा विपक्ष में रहता है—समझौता न करने वाला, ईमानदार और आदर्शवादी!

एक लोकलुभावन सरकार के नेता के रूप में कर्पूरी ठाकुर मार्क्सवादी परंपरा से दूर, भारत में समाजवादी विचार के भीतर एक विशिष्ट विकास के भी प्रतीक हैं। सत्ता में ठाकुर का कार्यकाल 'समाजवादी' सरकार में पहले प्रयोगों की ओर भी इशारा करता है और लोकलुभावन सरकार के नेता के रूप में ठाकुर का महत्त्व शायद अधिक स्पष्ट हो जाएगा, यदि हम इसे उदारीकरण के आगमन के साथ समाजवादी राजनीति में बदलाव के प्रकाश में देखें। शायद, एक समाजवादी सरकार के मुखिया के रूप में कर्पूरी ठाकुर का सबसे बड़ा योगदान अन्य संभावनाओं को इंगित करना था, जो लोहियावादी समाजवाद और सामाजिक न्याय के लिए हो सकती थीं।

◻

27

कर्पूरी ठाकुर : टाइमलाइन

इस अध्याय का उद्देश्य कर्पूरी ठाकुर के जीवन और कॅरियर की एक व्यापक समयरेखा प्रदान करना है, जिसमें उन प्रमुख घटनाओं पर प्रकाश डाला गया है, जिन्होंने बिहार के एक छोटे से गाँव से मुख्यमंत्री कार्यालय तक की उनकी यात्रा को आकार दिया। टाइमलाइन एक कालानुक्रमिक कथा के रूप में कार्य करती है, जो पाठकों को उन महत्त्वपूर्ण क्षणों में जाने की अनुमति देती है, जो इस प्रभावशाली राजनीतिक व्यक्ति की विरासत को परिभाषित करते हैं।

1924 : 24 जनवरी को पितौंझिया (अब कर्पूरीग्राम) में महामानव कर्पूरी ठाकुर का अवतरण।

1932 : शुभ विवाह। मुजफ्फरपुर जिलांतर्गत सकरा थाना के चंदनपट्टी गाँव निवासी श्री मोती लाल ठाकुर की सुकन्या सुश्री फुलेश्वरी देवी के साथ।

1934 : 9 जनवरी। बी.एम.ई. स्कूल, ताजपुर में छठी कक्षा में नामांकन।

1935 : 15 जनवरी। विद्यालय परित्याग। (टी.सी. नं. 34 दिनांक-15.01.1935)

1935 : 16 जनवरी। तिरहुत एकेडमी, समस्तीपुर में वर्ग सप्तम में नामांकन। (नामांकन क्रमांक-134, दिनांक-16.01.1935)

1938 : पितौंझिया में 'नवयुवक संघ' की स्थापना। यूथ लाइब्रेरी एवं होम विलेज लाइब्रेरियन के रूप में क्रियाशील।

1940 : तिरहुत एकेडमी, समस्तीपुर (पटना विश्वविद्यालय) से मैट्रिक की परीक्षा में उत्तीर्ण। सी.एम. कॉलेज, दरभंगा में नामांकन।

1942 : सी.एम. कॉलेज, दरभंगा (पटना विश्वविद्यालय) से आई.ए. की परीक्षा उत्तीर्ण। (रौल पैट नं.-1172, निबंधन $ क्र.-1627/1940) बी.ए. पार्ट-1 में नामांकन। लोहिया-जयप्रकाश से जुड़े क्रांतिकारी युवकों के 'आजाद दस्ता' के प्रमुख सिपाही के रूप में योगदान।

1942 : छात्र संघ की गतिविधियों में भी सक्रिय भागीदारी।

1942 : भूदान, ग्रामदान एवं सर्वोदय आंदोलन में भी सक्रिय भूमिका।

1942 : पढ़ाई छोड़ 1942 के 'भारत छोड़ो आंदोलन' में सक्रिय भागीदारी।

1943 : पितौंझिया मिडिल स्कूल में अध्यापक के रूप में योगदान।

1943 : 23 अक्तूबर। क्रांतिकारी गतिविधियों के आरोप में गिरफ्तार।

1945 : नवंबर माह में भागलपुर सेंट्रल जेल से रिहा।

1946 : दरभंगा जिला कांग्रेस सोशलिस्ट पार्टी के महामंत्री बने।

1947 : बिहार प्रादेशिक किसान सभा के प्रधान सचिव नियुक्त।

1948 : 11 मार्च। सकरा (मुजफ्फरपुर) में भूख-मार्च का नेतृत्व।

आचार्य नरेंद्र देव एवं जयप्रकाश नारायण के नेतृत्व में गठित 'सोशलिस्ट पार्टी' के प्रांतीय मंत्री निर्वाचित।

1949 : 'हिंद किसान पंचायत' के केंद्रीय समिति के सदस्य, फिर मंत्री भी रहे। दो बार 'बिहार रिलीफ समिति' के सदस्य।

1952 : 26.03.1952 को संपन्न स्वतंत्र भारत के प्रथम आम चुनाव में 127 ताजपुर विधानसभा क्षेत्र से सोशलिस्ट पार्टी के उम्मीदवार के रूप में कांग्रेस की दिग्गज एवं कद्दावर नेत्री श्रीमती राम सुकुमारी देवी को कुल

2431 मतों से पराजित कर बिहार विधानसभा की प्राचीर के अंदर शानदार प्रवेश।

पश्चिमी एशियाई देशों एवं यूरोप का भ्रमण।

1953 : सोशलिस्ट पार्टी विभाजित। आचार्य नरेंद्र देव एवं जयप्रकाश नारायण के साथ 'प्रजा सोशलिस्ट पार्टी' के सक्रिय सदस्य की भूमिका में।

1956 : बिहार राज्य डाक-तार कर्मचारी संघ के अध्यक्ष।

1957 : दूसरी बार पुनः 89 ताजपुर विधानसभा क्षेत्र से 25.02.1957 को संपन्न आम चुनाव में 'प्रजा सोशलिस्ट पार्टी' के उम्मीदवार के रूप में कांग्रेस के श्री नंदलाल शर्मा को 10,826 मतों से पराजित किया। विधायक दल के नेता बने।

विधानसभा में सर्वाधिक चर्चित एवं लोकप्रिय नेता के रूप में पहचान।

1959 : पश्चिमी एशियाई देशों का पुनः भ्रमण।

1960 : बिहार राज्य विद्युत् बोर्ड के अध्यक्ष।

1962 : तीसरी बार पुनः 19.02.1962 को संपन्न आम चुनाव में 101 ताजपुर विधानसभा क्षेत्र से ही 'प्रजा सोशलिस्ट पार्टी' के उम्मीदवार के रूप में कांग्रेस के श्रीराम रूप प्रसाद राय को 18,157 मतों से पराजित कर विजयी हुए।

1963 : परिसीमन आयोग के अध्यक्ष।

1966 : 10 अगस्त। पटना के ऐतिहासिक गांधी मैदान में पुलिस लाठीचार्ज के शिकार हुए।

1966 : प्रजा सोशलिस्ट पार्टी एवं सोशलिस्ट पार्टी के एकीकरण के पश्चात् 'संयुक्त सोशलिस्ट पार्टी' में शामिल।

1967: चौथी बार पुनः 97 ताजपुर विधानसभा निर्वाचन क्षेत्र से 21.02.1967 को संपन्न चुनाव में 'संयुक्त सोशलिस्ट पार्टी' के उम्मीदवार के रूप में कांग्रेस के श्री भुवनेश्वर सिंह को 16,462 मतों से पराजित किया।

1967 : 5 मार्च। श्री महामाया प्रसाद सिन्हा मंत्रिमंडल में उपमुख्यमंत्री के साथ-साथ वित्त एवं शिक्षा मंत्री के पद को भी सुशोभित किया।

शिक्षा मंत्री की हैसियत से मैट्रिक परीक्षा में अंग्रेजी विषय की अनिवार्यता समाप्त करने का साहसिक निर्णय लिया।

1971 : 28 जनवरी को उपमुख्यमंत्री पद से विमुक्त हुए।

1969 : 09.02.1969 को संपन्न मध्यावधि चुनाव में पाँचवीं बार पुन: 97 ताजपुर विधानसभा निर्वाचन क्षेत्र से संयुक्त सोशलिस्ट पार्टी के उम्मीदवार के रूप में कांग्रेस के श्री राजेंद्र महतो को 13,485 मतों से पराजित कर विजयी घोषित।

संयुक्त सोशलिस्ट पार्टी के राष्ट्रीय अध्यक्ष निर्वाचित। जॉर्ज फर्नांडिस को महामंत्री बनाया गया।

1971 : 22 दिसंबर। प्रथम बार बिहार के मुख्यमंत्री के पद पर आसीन।

1971 : 2 जून। लगभग पाँच महीने बाद सत्ताच्युत।

1971 : जमशेदपुर में मजदूरों के हित में 28 दिनों तक आमरण अनशन पर रहे। मजदूरों की माँगों को मनवाकर ही अनशन समाप्त किया।

1971 : 20 जून। ममतामयी माता राम दुलारी देवी का निधन।

1972 : 05.03.1972 को संपन्न विधानसभा चुनाव में छठी बार पुन: 97 ताजपुर विधानसभा निर्वाचन क्षेत्र से एस.ओ.पी. उम्मीदवार के रूप में आई.एन.डी. उम्मीदवार श्री कमलेश राय को 10,568 मतों से पराजित कर विजयी घोषित।

1974 : जे.पी. आंदोलन को और धारदार बनाने के उद्देश्य से विधानसभा की सदस्यता से त्यागपत्र देकर जे. पी. के 'संपूर्ण क्रांति' आंदोलन में सक्रिय रूप से शामिल।

1975 : 25 जून। देश में आपातकाल की घोषणा। भूमिगत होकर शासन विरोधी आंदोलन का सम्यक् संचालन।

1977 : 30 जनवरी। निर्णयानुसार गांधी मैदान, पटना में आयोजित आम सभा के सार्वजनिक मंच पर प्रकट। पुन: कदम कुआँ में अप्सरा होटल के पास गिरफ्तार।

1977 : प्रथम बार समस्तीपुर लोकसभा निर्वाचन क्षेत्र से जनता पार्टी के उम्मीदवार के रूप में इंदिरा कांग्रेस के यमुना प्रसाद मंडल को कुल 3,27,434 मतों से पराजित कर लोकसभा में दमदार उपस्थिति दर्ज।

1977 : 24 जून। दूसरी बार बिहार के मुख्यमंत्री पद पर आसीन।

1977 : 11 अक्तूबर। जे.पी. के जन्मदिन पर मैट्रिक तक की शिक्षा नि:शुल्क करने की घोषणा।

20 दिसंबर को संपन्न चुनाव में सातवीं बार बिहार विधानसभा के लिए फुलपरास क्षेत्र से इंदिरा कांग्रेस के श्री राम जयपाल सिंह यादव को 69,000 मतों से पराजित कर विजयी घोषित।

1977 : पटना के गांधी मैदान में 6,000 बेरोजगार अभियंताओं को नियुक्ति पत्र दिए।

1977 : सरकारी कामकाज में हिंदी अनिवार्य घोषित।

1978 : पिछड़ी जातियों, महिलाओं एवं गरीबों के लिए आरक्षण की व्यवस्था की गई। इसके अंदर 8 प्रतिशत पिछड़ों, 12 प्रतिशत अत्यंत पिछड़ों, 3 प्रतिशत महिला एवं 3 प्रतिशत आर्थिक रूप से पिछड़े सवर्णों के लिए आरक्षण की व्यवस्था की।

1979 : 21.04.1979 को मुख्यमंत्री पद से त्यागपत्र।

1980 : पूरे देश में मध्यावधि चुनाव। 31.05.1980 को संपन्न चुनाव में आठवीं बार बिहार विधानसभा के लिए 95 समस्तीपुर विधानसभा क्षेत्र से जे.एन.पी. (एस.सी.) उम्मीदवार के रूप में आई.एन.सी. (आई) के श्री चंद्रशेखर वर्मा को 27,159 मतों से पराजित कर विजयी घोषित।

1982 : लोकदल (क) का गठन। राष्ट्रीय अध्यक्ष का गुरुतर दायित्व।

1984 : अपनी इच्छा के विपरीत, किंतु पार्टी के केंद्रीय नेतृत्व के आदेश के आलोक में समस्तीपुर संसदीय क्षेत्र से लोकदल के उम्मीदवार के रूप में खड़े हुए। इंदिरा गांधी की हत्या की सहानुभूति लहर में अजेय व्यक्तित्व पहली बार पराजित।

1984 : 18 जुलाई। धर्मपत्नी फुलेश्वरी देवी का निधन।

1985 : 03.02.1985 को संपन्न चुनाव में नौवीं बार बिहार विधानसभा निर्वाचन क्षेत्र 70 सोनवर्षा से लोकदल उम्मीदवार के रूप में आई.एन.डी. उम्मीदवार श्री अनवार-उल-हक को 24,947 मतों से पराजित कर विजयी घोषित।

विधानसभा में विरोधी दल के नेता के रूप में सक्रिय एवं सार्थक भूमिका का निर्वहन।

1987 : 12 अगस्त। विधानसभा अध्यक्ष श्री शिवचंद्र झा द्वारा अलोकतांत्रिक एवं अमर्यादित ढंग से नेता विरोधी दल के पद से च्युत किया गया।

1988 : 17 फरवरी। महाप्रयाण। साजिश के तहत या स्वाभाविक मृत्यु ? रहस्य आदिनांक कायम।

1988 के बाद : बिहार और भारत में उनके योगदान को मान्यता देते हुए विभिन्न संस्थानों, पुरस्कारों और योजनाओं का नाम कर्पूरी ठाकुर के सम्मान में रखा गया है।

2023 : कर्पूरी ठाकुर की विरासत राजनीतिक नेताओं, कार्यकर्ताओं और सामाजिक न्याय तथा समानता के आदर्शों के लिए प्रतिबद्ध नागरिकों को प्रेरित करती रहेगी।

यह टाइमलाइन एक रोडमैप के रूप में कार्य करती है, जो पाठकों को कर्पूरी ठाकुर के जीवन के महत्त्वपूर्ण पड़ावों के बारे में मार्गदर्शन देती है। एक छोटे से गाँव में उनके प्रारंभिक वर्षों से लेकर बिहार में सत्ता के गलियारों तक इस टाइमलाइन की प्रत्येक घटना एक ऐसे नेता की समृद्ध छवि में योगदान करती है, जिसका प्रभाव समय की सीमाओं से परे है।

□□□

Milton Keynes UK
Ingram Content Group UK Ltd.
UKHW020702290124
436892UK00019B/821

9 789355 219367